U0136937

# 夢想與創新

# Dreams and Innovation

## 賈伯斯改變世界的力量

賈伯斯說：「我活著就是為了改變世界，除此以外，我什麼都不會。」

賈伯斯將改變世界做為目標和前進的方向，
他毫不避諱自己的瘋狂行徑，並為此感到光榮。

成杰 著

# 序 言

二〇一一年十月五日，美國蘋果公司宣布，該公司創辦人，也是前首席執行長史帝夫·賈伯斯（**Steve Jobs**）今天逝世，享年五十六歲。蘋果董事會的聲明稿稱：「史帝夫的才華、激情和精力，是無盡創新的來源，豐富和改善了我們的生活。世界因他而無限美好。」現任執行長提姆·庫克則在給全體員工的一封電子郵件中說：「蘋果公司失去了一位有遠見、富有創造力的天才，世界也失去了一個充滿驚奇的人。」

賈伯斯的過世，頓時讓全世界陷入悲痛之中。史帝夫·賈伯斯，像神一樣的名字。「商界貝多芬」、「IT業拿破崙」、「創新教父」、「未來學家」、「夢想戰士」……這些都是貼在他身上的標籤。在蘋果，賈伯斯不僅是執行長，還是首席創新、產品總監，同時也是一名藝術家、書法家、禪修愛好者，更是一位和癌症病魔抗爭數年仍堅守工作的英雄鬥士。

有人說，人類史上有兩個有名的蘋果，一個「砸」出了萬有引力定律；一個被賈伯斯玩得魅力乍洩，吸引玩家無數。的確，賈伯斯身上承載了太多的輝煌。

然而，對完美有著近乎不可理喻迷戀的賈伯斯，一生卻很難說得上完美。他一出生即遭親生

父母拋棄；僅上了半年大學，就輟學成爲一家電視遊戲機公司的職員；被他親手從百事可樂公司挖來的執行長約翰·史考利（John Sculley）趕出蘋果；過去的七年，一直在和癌症相抗爭。可以說，這個被公眾膜拜的天才和巨人，眞正在大眾中的臉譜，是一個集激情、完美主義、欲望、才華、藝術氣質和暴躁脾氣於一身的形象。

他就是史帝夫·賈伯斯，這個全世界人們心目中的英雄、蘋果「粉絲」永遠的偶像。他將技術與人性結合，跟隨內心與直覺的勇氣，進而擁有了非凡的成就。也許賈伯斯的強大人格魅力、遠見卓識和超凡品味是無可複製，世上也永遠不會再有第二個賈伯斯，但是從賈伯斯身上，我們可以學到更多成功者需要具備的特質。賈伯斯創造的，不只是一個品牌，更是一種理念、一種創新思維，乃至潮流。他的光輝、激情與能量，是改變我們生活的無數創新的泉源，這些創新豐富和改善了我們所有人的生活。

有人說，上帝喜歡蘋果，所以帶走了史帝夫·賈伯斯，但是卻留下了一個市值最高的公司，更留下了人們對他深深的懷念。他的成功智慧、偉大精神將永垂不朽！

成杰　二〇一一年十月八日於上海

錄



目　錄／Contents

# 目錄／Contents

# 目 錄 / Contents

目　錄／Contents

# 目　錄 / Contents

第 1 條

# 志存高遠，路在腳下

機遇是一個很奇妙的東西，往往只敲一次門，不會總是在你面前晃動。成功者要善於發現它們，並且要迅速的抓住，充分發揮自己的才能。最重要的是，機遇不會等你，哪怕是片刻的遲疑，都有可能讓它從你的指尖溜走。它一旦溜走，就再也不會有第二次的來臨。

# 1 背負起你的使命

> 你知道自己的使命嗎？每個人都應該知道這點，就好像所有人都會想念第一個深愛過的人一樣，你會永遠眷戀著那一份回憶。對自己的使命也應當如此。
>
> ——史帝夫‧賈伯斯

我在世界華人演說家俱樂部的核心品牌課程「總裁演說智慧」中分享到：領導者領導使命。

每個人的人生都被賦予使命，只是大多數人並沒有感覺到自己的使命，因此會找許多藉口來定義自己的人生，如此一來，往往和自己的理想擦肩而過。一個年輕人，在初入社會前五年內，依然沒能找到一個關於自己的使命，那麼他這一輩子也就只能是碌碌無爲；同樣的，如果在這五年的尋找中，你並沒有堅持不懈的尋找這個使命，那麼你會給使命蒙上一層灰塵，自然你的理想會因此而大打折扣。

有一個人在這個世界上，他是唯一一個能與比爾‧蓋茲（Bill Gates）相提並論的人。和比

爾．蓋茲一樣，這個人也擁有世界上最大的電腦公司，也是比爾．蓋茲創立微軟的唯一競爭者、唯一一個讓比爾．蓋茲感到恐慌的人。他二十一歲和夥伴一起在車庫裡，創建他們的電腦公司，並一度被自己創辦的公司解僱。他，就是蘋果公司的創辦人、首席執行長——史帝夫．賈伯斯。

關於賈伯斯的使命，在他被自己創建的公司解僱時，他終於明白了：成功並非只有一次。賈伯斯自始至終記得，成功是他唯一的使命：「現在看來，被蘋果電腦解僱，是我所經歷過最好的事情。成功的沉重，被從頭來過的輕鬆所取代，我不用再爲所有的事情負責。這個認知，釋放了我，讓我澈底的擁有了人生的使命感。」

可以想像，一個人被自己一手創辦的公司趕出，那將是怎樣的打擊！就好像一個孩子拋棄了自己的父母，使年邁的父母無家可歸一樣。當時的賈伯斯陷入了怎樣的淒涼境地啊？即使如此，賈伯斯依然能說出這樣堅強的話來，他早已將蘋果電腦公司，當作自己一生中最重要的使命，而且無論發生什麼事情，都不會放棄的使命。

蘋果公司推出麥金塔（Macintosh，簡稱Mac，一九八四年一月發表）的第二年，開始出現虧損的局面。會出現這種情況，主要是麥金塔的不相容特性——因爲賈伯斯封死了麥金塔的外殼，他不允許任何人隨意往這臺電腦中添加板卡。

後來人們才逐漸發現，在麥金塔上面，根本感受不到使用PC時，對整個系統完全掌控的暢快感覺，於是人們開始遠離麥金塔。到了一九八五年，蘋果的帳面上第一次出現了財務赤字，虧

損竟然高達一千七百萬美元！

蘋果董事會開始驚恐了。他們首先想到的當然是賈伯斯，於是對他大加斥責。然而，賈伯斯卻把所有失利的原因，歸結到約翰．史考利身上。史考利是賈伯斯花了四個月時間，從百事公司挖角來的。賈伯斯堅持的理由是：「蘋果之所以得到如此糟糕的業績，完全是因爲史考利本身就是一個電腦的門外漢所造成。」

史考利當然不肯接受這樣的無端栽贓，他認爲：「賈伯斯根本不懂經營和管理，卻經常隨意干涉公司的決策經營。」由於這件事，賈伯斯和史考利的矛盾逐漸升高，開始打起冷戰，這種局面一直持續到當年的八月份。史考利突然在一次董事會議上直接指出：「只要賈伯斯存在公司，我就無法完成任務。」他的意思再明確不過了：「如果蘋果想留住我史考利，就必須把他賈伯斯趕出去！」

最後，董事會做出決定：解除賈伯斯的一切行政職務，包括他的麥金塔研發領導職務，今後賈伯斯只擔任蘋果的董事長，不得介入具體經營事務。這決定一出，令人目瞪口呆，賈伯斯也不敢相信自己的耳朵。賈伯斯是蘋果的創始人，他居然被自己創建的公司給炒了魷魚！

賈伯斯離開蘋果公司後，蘋果公司先後換了三個執行長，並且一直處於虧損的狀態，使得蘋果公司的命運生死未卜。這個時候，也就是事隔十二年後，蘋果的董事會想起了那個曾經被他們遺棄的人——史帝夫．賈伯斯。

在這十二年裡，賈伯斯做了什麼？他又在哪裡？

對一個商人來說，最讓他悲痛和無法接受的，不是自己所創立的公司破產，而是被自己創立的公司踢出大門。一般人遇到這樣的情況，大多會萎靡不振。但賈伯斯沒有，他放棄了籠罩在頭頂的光環，另闢蹊徑，一切從頭開始。

在這十二年中，賈伯斯做了四件事：第一，澈底的從蘋果公司辭職。第二，將手上的兩千萬美元的蘋果股票，毫不猶豫的賣掉。第三，成立了開發電腦新技術的NeXT電腦公司，東山再起。第四，用一千萬美元，從美國電腦特技之父盧卡斯手中，買下了當時很小、很不景氣的電腦動畫工作室，成立一個獨立的製片公司，取名爲「皮克斯」（Pixar），在一九九五年推出3D動畫電影《玩具總動員》（Toy Story），是電影史上第一部由電腦製作的動畫，在全球締造三億六千多萬美元的票房佳績；同年，皮克斯的股票公開上市，迅速成爲3D電腦動畫的先鋒和霸主。

每個人活在世上都會有煩惱，但痛苦或快樂完全取決於自己。再重的擔子，笑著得挑，哭著也得挑，再不順，都必須扛起自己的使命。無論理想是否能成眞，只要你扛起來了，就是勝利！

## 2 企圖心不只是說說而已

世界上每天都有許多天才，沒沒無聞的走進了墳墓，導致他們一生碌碌無為的最關鍵因素，就是他們沒有勇氣接受人生的挑戰。

——史帝夫·賈伯斯

我在世界華人演說家俱樂部的核心品牌課程「總裁演說智慧」中分享到：決心，決定成就的大小。

年輕人應該要有企圖心，否則年輕的生命就會少了活力。

什麼叫企圖心？賈伯斯說：「我活著就是爲了改變世界，除此以外，我什麼都不會。」

「改變世界」就是賈伯斯的企圖心，他並不是說說而已。

改變世界，是一個很宏大的夢想。很多人認爲，改變世界是一個至極瘋狂的行徑，因爲這樣浩大的工程，根本不可能實現。

賈伯斯將改變世界做爲目標和前進的方向，他視那些不敢於夢想世界的人爲懦夫，因爲他們

連夢想的能力都沒有。他毫不避諱自己的瘋狂行徑，並為此感到光榮。他正在做的事情，是為了全世界的人們，他看到的是全世界的市場，這比狹隘的、只顧眼前利益的人們要強得多。

一九八四年，蘋果成功推出麥金塔電腦，把冷冰冰的機器變得極富人情味。蘋果在硬體的製造上，從不因循守舊，總是勇於否定自己、超越自己，不斷推出更時尚、更具魅力的新產品。

但是市場似乎有意跟蘋果過不去，新產品都是更好的，賣得卻沒有更好，甚至「期望越高，失望越大」。比如：掌上電腦PDA（Personal Digital Assistant），由於蘋果走得太超前，以至於在他們退出幾年之後，PDA驟然發力，成長為一個龐大的產業；比如：「quot數位核心」，蘋果引領數位生活新潮流，推動數位相機、隨身聽、自製DVD等系列產品的繁榮，數以百計的商家競相仿效，大發其財，而其始創者——蘋果，卻遭受了前所未有的挫折。

在世界電腦領域，賈伯斯和他的蘋果電腦堪稱象徵性的典範；在電腦領域，蘋果電腦是「一座難以超越的豐碑」。

但是進入二十一世紀以後，蘋果的日子過得相當艱難，原因很多，主要是：賈伯斯居高自傲，Mac的價格高制約了市場增長；蘋果完全摒棄英特爾的CPU和微軟的Windows，走入一條自我封閉的窄路；除了軟硬體，蘋果什麼都做，包括網絡託管業務，甚至推出世界上第一件電子夾克衫。由於業務過於廣泛，削減了蘋果的專業產品。

在殘酷的市場面前，賈伯斯不得不承認自己和蘋果存在的問題，為了保住蘋果品牌獨有的光

環，二〇〇三年，Mac電腦全面降價，賈伯斯接受並親近「英特爾－微軟聯盟」，破例使用英特爾的芯片，並接受微軟的作業系統，在數位家庭消費市場上，明顯的邁出了一大步。

賈伯斯對蘋果一直充滿自信，他說：「如果這個世界上只剩下兩家電腦公司，其中必有一家是蘋果。」

但他沒想到的是，現在通行世界的五大電腦品牌，都比Mac電腦的日子好過；更沒想到的是，他親手把自己公司的「電腦」二字給「革」掉了。但是這個「自我革命」，也讓蘋果的命運再次發生了戲劇性的轉變。

當Mac每況愈下的時候，讓人們和蘋果的員工驚訝的是，蘋果反而出現了盈利，這一切都要歸功於iPod的成功。

從獨占世界百分之八十七占有率的iPod身上，賈伯斯看到了新希望。蘋果更名之際（二〇〇七年一月九日），同時推出iPhone手機，立即引起蘋果迷的熱烈追捧，這在手機新品失去轟動效應的國際市場上，十分罕見。

蘋果「革」了自己的命，賈伯斯又引領蘋果從神壇走向大眾，被人們報以最熱烈的掌聲。在這一條路上，賈伯斯走對了，蘋果再次迎來了勝利的曙光。賈伯斯耗盡大半生、蘋果費了幾番周折，這個被咬了一口的蘋果，終於成為一個享譽世界的著名品牌。在世界消費電子領域，蘋果仍然有望成爲一面輝煌的旗幟！

富蘭克林說：「寶貝放錯了地方便是廢物。」想要擁有輝煌的人生，訣竅就在於經營自己的長處。

把自己放在最適合的位置上，找到人生定位，準確發揮自己的特長。經營自己的長處，能使你的人生增值；而經營自己的短處，則只會使你的人生貶值。

# 3 把願望滲透到潛意識裡

我的夢想，就是世界上的每個人都能擁有自己的蘋果電腦。為了做到這一點，我們一定要成為一家非凡的公司。

——史帝夫．賈伯斯

我在世界華人演說家俱樂部的核心品牌課程「總裁演說智慧」中分享到：領導者領導願景，推行希望，傳播夢想。

讓蘋果電腦成爲人們的最愛，是賈伯斯一直追求的目標。賈伯斯相信，一個有廣泛價值、能夠改變人們生活的東西，會得到人們的喜愛，並成爲人們不可或缺的一項生活必需品。這是賈伯斯一生的願望，他的所有追求，都是爲了實現這個願望。

賈伯斯的這種想法，讓很多企業家都難以接受。賈伯斯認爲，他是爲了改變世界，才努力讓蘋果公司變得非凡。這個價值觀卻與傳統價值觀相悖。賈伯斯的獨特，可見一斑。

年輕人要感受的，是賈伯斯這與眾不同的力量：活著，就是爲了要改變世界。二〇〇八年三

月，賈伯斯接受《財富》（Money）雜誌專訪時，談到關於排除萬難，他說：「有時候，當你身處危機中，你無法確定自己是否可以把整件事情推向終點，但最後總是能夠到達彼岸。所以我們胸有成竹，雖然有時會心生疑慮，但我認為事情的關鍵在於，在這種時候我們不會完全被嚇倒。我指的是，我們會全心的投入到這些事情中。」

在工作與日常生活中，我們都應該有屬於自己的目標，這種目標就是我們應該堅持的願望，無論如何都不能忘卻的願望。

老師對弟子們講一個故事：有三隻獵狗追殺一隻土撥鼠，土撥鼠鑽進了樹洞。樹洞只有一個出口，不一會兒，從樹洞裡鑽出一隻兔子。兔子飛快的往前跑，並爬上一棵大樹。兔子在樹上，倉皇中沒站穩，掉了下來，砸暈了追過來的三隻獵狗，才得以逃脫。

老師講完後，問弟子：「這故事有什麼問題嗎？」弟子回答：「兔子不會爬樹。」「一隻兔子不可能同時砸暈三隻獵狗。」老師又問：「還有嗎？」直到弟子再也想不出來，老師說：「你們回答的都是事實，可是你們漏掉了一個最重要的問題，土撥鼠哪裡去了？」

這個小故事告訴我們，無論如何，都要堅持自己的願望，並將願望深入到潛意識中。只要有堅定的意願，願望就會化成行動，我們就會努力、專注的朝著實現願望前進。

不自覺的潛意識，潛藏於人們的內心深處，平時不會出現，但會在無意識中或某一特殊時刻閃現，並發揮無法估計的作用。

賈伯斯說：「你內心的願望，不能只是想想而已！」我們要時刻提醒自己：「不管怎樣，無論怎樣，一定要這樣，一定非如此不可。」有這種強烈的意念支撐的願望才能實現。

生性另類、叛逆的賈伯斯，沒有讀完大學。賈伯斯上初中時，在一次同學聚會上，和比他年長五歲的史帝夫．沃茲那克（Steve Wozniak）不期而遇。沃茲是學校電子俱樂部的會長，對電子有很大的興趣，這爲他們日後合作埋下了伏筆。

一九七五年，從印度浪跡歸來的二十歲賈伯斯，找到了電子奇才沃茲。此時的沃茲，製造出一批又一批的電子設備，都是用來滿足自己對電子世界的好奇和征服欲；也就是說，他設計的這些玩意兒，都只是爲了滿足個人的愛好。此時的賈伯斯，已經擁有和沃茲完全不一樣的夢想和方向，賈伯斯想到的是，一臺臺擺在千家萬戶桌上的電腦，一種眞正屬於個人的電腦。

這個夢想，讓賈伯斯的命運和世界發生了天翻地覆的變化。他慷慨激昂、情緒激動的向沃茲談起這個想法，而這個全新領域讓沃茲非常興奮，於是他們成了創業夥伴。但別以爲他們的條件有多好，也別巴望他們能夠買到現在隨處能買到的鍵盤、主機板、儲存系統、運算系統等。他們一無所有，所以只能自己製造。賈伯斯和沃茲能買到的最大配件，只是一塊塊功能單一的芯片。隨著設計的一天天深入，賈伯斯只得搬出自己的臥室，住在自家陰冷、黑暗、潮溼的車庫裡。

這兩個擁有偉大夢想的年輕人，在非常困苦的條件下，艱難的做著。一九七六年，他們終於製造出一臺完整的電腦，賈伯斯將它命名爲「蘋果」（Apple）。

生活就像是一個舞臺。從舞臺上，我們能夠看到人生的多姿多采，體會到生活的無限樂趣。人生的願望，決定生活的態度。願望如同靶子，我們則是一枝想射中靶心的箭，要全力以赴的拉滿弓，無時無刻爲之奮鬥。

# 4 懷抱你的野心

告訴其他人你的計畫，不要鼓吹，也不要自以為是，更不能盲目狂熱，那樣只會把人嚇跑。當然，你也不要害怕成為榜樣，要抓住出頭的機會，讓人們知道你的所作所為。

——史帝夫．賈伯斯

人們「不求有功，但求無過」的態度，現在正在職場上普遍蔓延。大多數人情願將自己隱藏在工作中，不想被發現，以便能安穩的透過工作獲得利益。只有極少數人願意成爲榜樣，因爲一旦成爲榜樣，代表著將承受更大的壓力。

然而，成爲榜樣並非壞事。你或許會因此遭到無情的議論，但同時也會獲得同等的認同；更重要的，可能幫助你的事業邁向新發展。如果你不能承受這份壓力，也可以拒絕當榜樣，但這將會成爲你成功的桎梏。

有了蘋果電腦，賈伯斯開始規劃發展藍圖，希望透過蘋果，給公司帶來足夠發展的利潤，於

是他讓沃茲帶著這臺偉大的傑作，到惠普公司展示。這就像孩子向大人展示其發明創造一樣，但惠普公司對這臺外表簡陋的機器，絲毫不感興趣。這讓兩人大失所望，無法相信這臺讓他們自豪的偉大傑作，居然受到如此冷落，這意味著他們再也得不到進一步發展的充足動力。

在走投無路下，賈伯斯無奈的做出重大決定：賣掉自己所有值錢的東西，包括汽車和電腦。因為他們有夢想，他們要製造蘋果電腦，他們要創辦屬於自己的公司，他們還要改變這個世界。

有了啓動資金，一九七六年四月一日，蘋果電腦公司正式成立。有了公司，他們面臨了兩個最嚴峻的問題：沒有資金、沒有客戶。於是一齣「空手套白狼」的好戲上演了。

賈伯斯到市場上進行遊說，經過一段時間苦口婆心的遊說，終於有一家公司願意購買五十臺蘋果電腦，並和他們簽訂了合約。興奮的賈伯斯拿著合約，又去找另一家銷售電子元件的公司，幾經周折，賈伯斯的天才想法和真誠，打動了這家公司的經理，答應先提供他一批電子元件，等蘋果電腦公司的銷售合約生效時，再收這批欠款。這無疑是給蘋果電腦公司安裝了起飛的翅膀、跳躍的基石，更預示著蘋果電腦公司就要橫空出世了。

果然，這年（一九七七）的秋天，沃茲的天才靈感再次爆發，他居然獨自完成Apple II的研發工作。這是世界上第一臺也是最後一臺，由他獨自設計的商品化電腦。沃茲是程式設計師，又是電腦工程師，他控制並決定軟硬體的每項性能和功能。可以說，沃茲是世界上唯一能夠讓蘋果電腦公司騰飛的天才，而賈伯斯正好發現了他。

因爲沃茲、賈伯斯的野心，Apple II有了很多電腦歷史上的第一：第一次將BASIC語言固化在ROM上；第一次有塑膠外殼；第一次自帶電源裝置，無須風扇；第一次裝有英特爾動態RAM；第一次在主機板上帶有48K容量；第一次可玩彩色遊戲；第一次內置揚聲器接口；第一次裝上遊戲控制鍵；第一次具有高分辨率圖形功能；第一次實現CPU和主機板共享RAM……

賈伯斯說：「我們在一起製作這個新產品，我們覺得，這是我們所從事的最偉大的事業。」對「蘋果迷」來說，他們做的事情確實很偉大。那我們呢？我們又該如何讓自己的事業變得更有價值？最好的方法，莫過於相信你所從事的，是一個極偉大的事業；你所有的努力，都會在未來成爲有極大價值的東西，讓你的工作因此變得更美好。

賈伯斯把這個信念投入到工作中，他相信自己從事的事業是偉大的，是他改變世界這遠大理想中的一小步。這種想法讓他對工作始終充滿激情，讓他投入很多的努力，最後也確實獲得了極大的成功。

每個人都有野心，都有奮鬥的目標，並爲目標付出努力。怎樣才能開啓人生的巔峰之門呢？賈伯斯爲我們樹立了榜樣，他的成功給徬徨的人提供了借鑑，讓還在猶豫的人警醒，不要將希望寄託於明天，明日復明日，要抓住時間，把握當下。

因此，我們要懷抱著野心，不離不棄；要主宰自己的命運，做自己心中的英雄。用這種執著的信念，勇敢的走下去，讓自己的事業更有價值，讓自己的人生大放異彩。

第 2 條

# 一種活著的姿態

賈伯斯的成功在告訴年輕人：人的生命有限，不要浪費時間；一個人立身處事，不要在意別人的評價和看法。畢竟，人生是自己的。仔細觀察身邊的人，會發現一個無法忽略的事實：很多人迷失了自己，放棄了掌握未來的主動權，工作中永遠是被領導者，而且大多過得不開心。

# 1 活著，就是幸福

沒有人想死。即使那些想去天堂的人，也想活著上天堂。

——史帝夫．賈伯斯

賈伯斯說：「活著是一件十分難得的事情，不妨用各種方式來表達生命的意義。」當你可以活著、笑著、哭著、吃著、睡著，真實感受到生命的流動時，你的存在就是一種幸福。活著，就是一件幸運的事情。幸運的是，你可以看到那和煦的陽光，你可以呼吸到新鮮的空氣，你可以自由的行走於天地之間。

一個人被情所傷，傷得很深，於是他決定遠走天涯。

有一天，他來到佛祖面前，痛哭流涕，爾後告訴佛祖，即將遠離。

佛祖說：「離開前，請回答幾個問題。」

人說：「既然要走了，回答也無妨。」

佛祖問：「天涯在哪裡？」

人答：「天涯在很遠的地方，在天邊。」

佛祖又問：「天邊在哪裡？」

「這個……」人答不出，說，「請佛祖指點迷津。」

佛祖說：「天涯在你心裡。」

人詫異：「天涯怎麼會在我心裡？」

佛祖說：「既然你已被情所傷，走得再遠，心依然受傷，無所謂天涯。如果你覺得傷已平復，更無所謂天涯，天涯就在你心裡。」

人說：「那第二個問題又是什麼？」

佛祖問：「你認為幸福是什麼？」

人說：「幸福就是愛。」

佛祖說：「錯，幸福就是你活著。」

人更詫異：「難道活著就是幸福了嗎？」

佛祖說：「在這個世界上，能活著已經是幸福的。很多人來不及享受生命，就匆匆的走了，難道你不覺得自己是幸福的嗎？」

人說：「那請問痛苦是什麼？」

佛祖說：「痛苦就是活著。」

人又詫異：「活著是幸福，如何又是痛苦呢？」

佛祖說：「生而為人，就是要既享受幸福又承受痛苦，這樣才叫人生。你幸福，是因為你還活著；你知道痛苦，也是因為你還活著，否則你如何知道痛苦所在呢？」

人說：「我懂了，可是我這次真的傷得很深啊！」這個人又將話題轉到傷痕上。

佛祖說：「何謂受傷？」

人說：「我心已碎，我的付出沒有回報，所以受傷。」

佛祖問：「何謂付出，何謂回報？」

人無語。

佛祖問：「你做人的要求是什麼？」

人無語。

佛祖說：「沒有相互的愛，你付出的每一份愛，都應該是發自內心的，出於對自己做人的要求，根本和對方愛不愛沒有關係。愛有時不是出於相互的，不是你愛了別人後，別人就一定需要來愛你。如果幸運的話，你得到了別人愛你，那麼你應該心存感激，這根本和你是否愛過無關。在這個世界上，不只是愛情，你付出的時候，不應該想著回報；你得到的時候，也不應該想到回報，因為沒有什麼是絕對相互的。」

人說：「我明白了，我應該以感激的心去面對生活，我所獲得的美好、痛苦，都是生活賜予

我的，它們是我生命的兩種不同的表達形式，所以我是幸運的。因此，我願意繼續留下來生活，哪裡也不去了。」

人大踏步的走出佛祖的殿堂，外面陽光明媚，暖風習習。

「活著」二字，充滿了力量。這力量不是來自於吶喊，也不是來自於進攻，而是承受。承受生命賦予我們的責任，承受現實給予我們的幸福和苦難、無聊和平庸。

賈伯斯曾經面臨死亡的威脅，但他一直告訴自己，必須活著，因為他還有許多事情要做。

賈伯斯十七歲時讀到一句格言：「把每一天都當成生命中的最後一天，你就會輕鬆自在。」從他讀到之日起，這句話就對他產生深遠的影響。於是在此後的幾十年裡，他每天早上都會照鏡子，自問：「如果今天是我生命中的最後一天，我今天要做些什麼？」

提醒自己快死了，是他所知避免掉入畏懼失去的陷阱裡最好的辦法。但死亡之神好像是要考驗這個傳奇人物，是否真的不懼怕，就跟他開了一個玩笑。

二○○四年，賈伯斯被診斷出罹患癌症，醫生在他的胰臟發現腫瘤。醫生告訴他：「幾乎可以確定是一種不治之症。」並預計他大概活不到三到六個月。賈伯斯心想：「沒想到死神已經到來，我得跟人說再見了。」

但是，賈伯斯就像是奇蹟的化身。正當他心有不甘的等待死亡降臨時，一天晚上，他做了切片檢查。當醫生們從顯微鏡下觀察那些細胞後，他們都不敢相信的哭了，因為那是一種非常罕見的胰臟癌，可以用手術治癒。

對於這個一百八十度的大轉機，處在黑暗中的賈伯斯，又看到了屬於他的一線曙光，並且很快的接受切除手術，休息一個多月後，康復出院。

賈伯斯一如以往，得意洋洋、又有幾分散漫的站在公司的大門前，就像旅行歸來一樣。他出現在蘋果公司的會議上時，活力四射，好像什麼事都沒有發生。

原來，活著就是幸福。

# 2 要清楚，你為誰而活

你們的時間有限，所以不要浪費時間活在別人的生活裡……最重要的，要有勇氣去追隨你的內心和直覺，你的內心和直覺，多少已知道你真正想成為什麼樣的人。其他都是次要的。

——史帝夫・賈伯斯

我在世界華人演說家俱樂部的核心品牌課程「總裁演說智慧」中分享到：簡單就是智慧，簡單就是力量。

無論何時，都不要因他人的看法而自尋煩惱，無意義的思慮只會折磨自己。冷靜下來，仔細想想，你的存在是爲了什麼？你的追求是什麼？爲自己而活，讓內心的眞實想法爲你指引方向。

賈伯斯被蘋果解僱時，激勵他繼續前進的理由只有一個：他知道自己到底爲誰而活、知道自己到底想做什麼，並知道他必須將這種精神持續下去。

二〇〇一年十月二十三日，美國還沒有從「九一一」事件的陰影中走出來，賈伯斯並沒有受

到這種情緒的影響，他用行動征服了世界，向全球宣布他的與眾不同，向世界展示蘋果公司的新產品——**iPod**數位音樂播放器。

**iPod**有一個光亮、鮮明、炫目的白色機身，可以連續播放十小時，儲存一千首歌曲，是當時市場上第一款硬碟式數位音樂播放器。賈伯斯面對人群，大聲說：「使用**iPod**聽音樂，難道不是件很酷的事情嗎？使用它，你再也不用每天聽同樣的歌曲了。」

事實證明，**iPod**成了讓蘋果公司全面翻身的奇兵。

二〇〇四年，**iPod**全球銷售額突破四十五億美元；到二〇〇五年下半年，蘋果公司已銷售兩千兩百多萬臺**iPod**。

賈伯斯就是這麼的與眾不同，沒有什麼想法、沒有什麼人可以束縛他。只要他不願意，任何意見、任何方式都不能左右他的生活與人生。

所以，你要永遠記住，不要活在別人的目光裡，別人的目光未必是你眞實的人生。就像別人腳上穿的鞋子，穿到你的腳上未必會舒適；即使舒適，也只是偶然。

賈伯斯說：「複製別人的產品，就是一種被領導，社會上的跟風就是如此。」不要看到別人採取某種方法成功了，你就去學，更不要一成不變的去利用，總是走別人走的路，最終會將自己逼入死胡同。

大多數人活在別人的想法裡，他們很少去想，自己在生活中是什麼樣的角色，而把所有精力用來想：「在別人眼裡，我是什麼樣子的？」他們總認爲，別人的東西永遠比自己的好，別人永遠活得比自己精采。在他們的想法裡，根本分不清楚什麼才是自己該做的、什麼才是自己該去想的。二〇〇五年，賈伯斯對史丹佛大學畢業生演講時，說：「你們的時間有限，所以不要浪費時間，活在別人的生活裡；不要讓別人的意見，淹沒了你內在的心聲。」

輟學，是史帝夫・賈伯斯、比爾・蓋茲的選擇，他們用自己的方式去追求理想。但並不是選擇輟學，你就會是第二個賈伯斯、蓋茲。這個方式不一定適合每一個人，而賈伯斯、蓋茲恰好適合，他們之間出現一種偶然現象，這種偶然現象，是透過他們的智慧與能力形成的必然結果，所以你需要找到適合自己的生活、事業。賈伯斯的成功告訴我們，不要讓任何信條變成你行動的指南、思想的束縛。你應該有屬於自己的信仰，只有自己的目標可以告訴你做什麼，只有自己的價值觀可以告訴你怎麼做。

當我們來到這個世界上，就被人領導著。從小，被父母領導；上學，被老師領導；進入社會後，又被主管領導；即使有一天做了主管，依然要被更高的主管領導。事實上，眞正能夠領導我們的是自己，但是你並不知道。

賈伯斯的成功在告訴所有年輕人：人的生命有限，不要浪費時間；一個人立身處事，不要在意別人的評價和看法。畢竟，人生是自己的。仔細觀察身邊的人，會發現一個無法忽略的事實：很多人迷失了自己，放棄了掌握未來的主動權，工作中永遠是被領導者，而且大多過得不開心。

賈伯斯不活在別人的標準中，即使被自己一手創辦的公司解僱了。

賈伯斯說：「不要猶豫，這是你的生活，你擁有絕對的自主權來決定如何生活，不要被其他人的所作所爲所束縛。給自己一個培養自己創造力的機會，不要害怕，不要擔心。過自己選擇的生活，做自己的老闆。」

## 3 走自己的路

走別人走過的路，或一如往常的做事情，並非難事，但那條路不一定最終會通往成功。

——史帝夫．賈伯斯

我在世界華人演說家俱樂部的核心品牌課程「總裁演說智慧」中分享到：所有偉大的領袖，都是活出真我的人，做最好的自己。

做人最怕的不是貧窮，而是沒有主見，經不起外來的影響而隨風搖擺，最終隨波逐流，放棄自己最寶貴的東西。這樣的人就像牆頭草，東風東倒，西風西倒，沒有原則和立場，不知道自己能做什麼、會做什麼，自然與成功無緣。每個人做事難免受到自身經歷的影響，如果我們內心裡沒有自己的聲音，只聽外界的聲音，將永遠和成功背道而馳。

要知道，沒有人知道你想走的是什麼路，他們指出的某些「應該」，也許和你的「願意」相稱，但大多是不相稱。關於這一點，你比誰都清楚。

賈伯斯把命運掌握在自己的手裡，讓蘋果公司引領著世界潮流發展。面對激烈競爭時，賈伯斯有一個前無古人的想法，就是對DVD技術大作文章。

他覺得在電腦上播放電影是一件很酷的事，可以讓蘋果有別於其他電腦，展現獨特之處，便在高級的Mac機上裝置DVD播放機。後來證明，沒有人走過的路是曲折的，在Mac機上播放電影固然酷，卻還沒酷到讓顧客覺得非掏錢不可的地步。但也啓發了賈伯斯，他發現用戶需要另一種新功能：將文件、圖片、歌曲儲存到CD上。

當時的康柏（Compaq）已察覺到這個市場，便在新推出的半數個人電腦中加入CD燒錄機，成了一大賣點，這些機型都非常暢銷。賈伯斯覺得，如果繼續走這條路，也無法超越康柏，他不想當模仿者，跟在別人的屁股後面，於是決定尋找新的出口，而有安裝既能播放DVD又能儲存數據的驅動器的想法。

CD可以儲存電影，但壓縮率還不夠高，如果電影長，播放起來效果不佳，還會產生馬賽克現象。賈伯斯決定配置DVD燒錄機，並增加一款軟體，使燒錄DVD不再像以前那麼花時間。

成功並不像想像中的難，要敢於挑戰自己，樹立行動目標及不屈不撓的堅強意志。賈伯斯此舉大獲成功。蘋果公司宣布，配置有DVD燒錄機的Mac電腦出貨量，已達五十萬臺。

隨後，戴爾和惠普電腦也開始增加DVD燒錄機，且燒錄技術比蘋果先進，在處理數據儲存和傳輸方面更出色，最重要的是，價格便宜。

面對瘋狂的價格戰，賈伯斯利用Mac機上燒錄的光碟，可以在百分之九十的DVD上播放，而戴爾只有百分之六十，著手進行下一項更新的創意，將燒錄升級，把光碟和軟體確立爲視訊儲存和編輯的標準，特別符合專業電影的胃口。

一樣的商機，不一樣的收穫。賈伯斯善於掌控自己的命運，才能在電腦業界占有一席之地，走在時代前端。愛因斯坦的老師明可夫斯基說：「只有新的領域、只有尚未凝固的地方，才能留下深深的腳印。那些凝固很久的老地面，那些被無數人、無數腳步涉足的地方，別想再踩出腳印來……」

每個人要走的路都不同，自己的路自己走，追隨別人的腳步，很難期待能獲得出色的成果。因爲多人走過的路上不會剩下什麼東西，而無人涉足的新路，儘管寸步難行，卻可以有許多新的發現和成果。

社會生活就像一齣戲，每個人扮演著自己的角色，當角色間產生衝突時，他們會害怕自己一意孤行會不會遭到排斥、會不會受到他人的譏笑，於是慢慢變成一個只會說「好」的老好人。他們希望對任何事都能應付得來，能達到「不受批評」的地步，而他們最大的成就是當個「不被討厭」的人。他們終生被別人的意見驅策，沒有時間思考自己的生活，沒有時間實現自己的夢想，這樣的人生又有什麼意義？你會選擇做這樣的人嗎？

當然，這不是說人應該獨斷專行，不顧是非黑白；而是說，我們在聽取別人的意見後，一定要經過自己的理解與判斷，要有主見，用理智認清事實，決定方向後，就不再受別人的意見所左右，選擇自己想要的生活方式，選擇自己想要的生活態度。

# 4 擁抱生命的價值

在現實面前，你可以選擇妥協，最多庸碌一生而已。如果你選擇做有意義的事情，可能生命會更有亮度。

——史帝夫・賈伯斯

我在世界華人演說家俱樂部的核心品牌課程「總裁演說智慧」中分享到：生命的意義在於幫助。你存在的價值在於——你幫助、影響和成就了多少人的生命。

賈伯斯說：「你的生命只有一次，因此在這個短暫的歷程中，你應當爭取做些對社會，乃至世界有意義的事情，這樣做不會讓你的生命延長，但可以讓你的生命煥發光彩。」

世界是一個奇妙的存在，每一個個體存在於其間，同時也在為後代努力改造這個世界。你身為一分子，應當投入精力為世界的改變做力所能及的事情，這不只是你的義務，也是你的權利。

不要把生命浪費在毫無意義的事情上，那只會讓你在離開人世時充滿迷茫和悔恨。人生的偉大，來自於你為世界帶來看似微不足道，但可能極有意義的事情。

二〇〇三年八月七日，德國一家電視臺在強檔節目中，播出高薪徵集的「十秒鐘驚險鏡頭」獲獎作品。一個主題叫《臥倒》的作品，以絕對的優勢奪得冠軍。

畫面是這樣的：在一個小火車站，一位扳道工正走向他的工作，去爲一列徐徐而來的火車扳動道岔。這時，在鐵軌的另一頭，有一列火車從相反的方向駛進車站。扳道工必須及時扳道岔，否則兩列火車必定會相撞。

就在這短暫的瞬間，扳道工無意間回頭，發現自己的兒子正在鐵軌的那一端玩耍，而那列開始進站的火車就行駛在這條鐵軌上。是搶救兒子，還是扳道岔避免一場災難？他可以選擇的時間太少了。那一刻，他威嚴的朝兒子大喊一聲：「臥倒！」同時，衝過去扳動道岔。瞬間，火車進入了預定的軌道。

那一邊，火車也呼嘯而過。車上的旅客完全不知道，他們的生命曾經面臨千鈞一髮；也完全不知道，有一個小生命臥倒在鐵軌上……

火車轟鳴著駛過，孩子毫髮未傷。這一幕，剛好被一個從那裡經過的記者攝入鏡頭。人們猜測，那位扳道工一定是非常優秀的人。

後來才知道，那位扳道工是一個普通的人，他忠於職守，從未耽誤過工作一秒鐘。令人意想不到的是，他兒子是一個弱智者。扳道工告訴記者，他一遍一遍的告訴兒子：「你長大後能做的工作太少了，你必須有一樣是出色的。」兒子聽不懂父親的話，依然傻乎乎的，但在生命攸關的

那一秒鐘，他「臥倒了」。這是他在跟父親玩打仗遊戲時，唯一聽懂並做得最出色的動作。

那天晚上，成千上萬的觀眾在電視機前觀看這個畫面，十秒鐘後，每雙眼睛裡都是淚水。可以毫不誇張的說，人們在那十秒鐘後足足肅靜了十分鐘。爲什麼？人們對那位扳道工的精神和情感肅然起敬，人們爲那弱小的生命而擔憂，人們能估計出，扳道工瞬間行爲所帶來的生命價值，人們更倍加珍惜那危在旦夕，原本就很脆弱的小生命。一位普通的扳道工，感動了千萬人的心，因爲他的善良與敬業、因爲他對兒子的愛。

和這位扳道工不同，許多人爲了自己的身價不停的追逐，追求權威、追求財富、追求愛情、追求認同，可是並沒有很多人得到眞正的幸福，反而增添了失落和空虛感。富貴、舒適、奢侈和享樂帶來的快感，很快就消失得無影無蹤，人生價值的問題，更突出的擺在了他們面前。

賈伯斯說：「人們常常運用錯誤的判斷標準——他們爲自己追求權力、成功和財富，並羨慕別人擁有的這些東西，他們低估了生命的眞正價值。」

第 3 條

# 給人生留下一點什麼

每個人都認為自己是天才，滿懷著理想，要有所作為，但現實總是無法盡如人意。現實告訴天才們，他們需要更理智些，就像人們常說的：盡最大的努力，做最壞的打算！只有這樣，在結果出來時才會心平氣和。

# 1 你一定能做到

從來沒有人想過，往手機裡放一個精密的操作系統。針對我們能否實現這個目標，曾經有過許多爭論，我不得不當機立斷的做出決定：「我們可以做到的，讓我們試試吧！」

——史帝夫・賈伯斯

嘗試新鮮的東西，是一個艱難的過程。

你首先要有某種強烈的想法，並且這種想法要基於你的自信。當你有足夠的自信去承認自己的想法時，才能看到你所想的是否眞的會存在，這點很容易遭到別人的質疑，但越是這樣，你越要敢於嘗試。

在嘗試的過程，現實可能會使你迷惑，不清楚自己是否眞的要繼續走下去，這時最重要的，是克服這個難關。一旦你擺脫了他人的左右，眞正投入嘗試中，一切都會變得十分自然。無論成功或失敗，你都會得到別人所得不到，也會有出乎意料的收穫。

比爾．蓋茲認為，賈伯斯是他唯一的對手，又必須是合作夥伴，因為只有他最了解賈伯斯。他們在同一個行業對峙了整整三十年，蓋茲說：「蘋果公司一直致力於生產消費者想用的產品，賈伯斯似乎總能了解，這行業下一步會往什麼方向發展。他擁有難以置信的品味和高雅。」

事實上，賈伯斯並不是技術高手，商業判斷力和對商業模式的敏銳感觸力，是他所擅長的，這點對公司的決策者比掌握高端技術更重要。賈伯斯對生產商聚在一起，建立標準和製造平臺，非常矛盾、牴觸。賈伯斯的生命，就像是圍繞著品味和粗俗抗爭，圍繞著個性和標準化抗爭。他深知自己，也知世人。消費者不購買平臺、不購買標準，也不購買戰略，只購買自己所醉心的產品。當巨頭們聚在一起創立標準時，賈伯斯則躲在一隅，醉心研究他的「小零件」。

賈伯斯說：「讓那些狗屁標準見鬼去吧！」他所有的奇思妙想和對新產品的大膽構思，都源自於對人性的至察，這些都是標準裡沒有的。賈伯斯認為，管它標不標準，反正對的就是對的。賈伯斯覺得，只要他能夠想到，就一定能看到它存在的理由，那麼就一定能夠做到。

一九七六年，賈伯斯和好友沃茲在一間車庫裡創建了蘋果，比IBM進入個人電腦市場早了五年。沃茲所寫的BASIC編程語言堪稱是世界第一，各方面都非常完美，缺點只有一個：只支持整數計算，不支持浮點。賈伯斯要求加入這項功能，但並沒有得到滿足，於是賈伯斯砸下三．一萬美元的血本，向剛出道的比爾．蓋茲尋求幫助。當時微軟擁有最受歡迎、最優秀的浮點BASIC，於是誕生了世界上第一臺個人電腦。賈伯斯也因此成為IT行業的奠基人。

賈伯斯不僅成就了蘋果，也成就了其他行業和企業。更有趣的是，有些管理者說：「如果iPhone改變了整個手機市場的遊戲規則，那我們不得不儘早去適應。」或許這種言論代表了行動巨頭們時下的心理，但對賈伯斯來說，他是管不了那些的，只要對蘋果有利，只要能夠讓蘋果立於不敗之地，賈伯斯什麼都能想到，什麼都能做。

所以當你決定做某件事情時，無論傳來如何的流言蜚語，千萬不要對自己的信念產生懷疑，也不要被別人的異議所干擾。這樣你才能夠實現目標，把大家認爲不可能的事情變成現實。堅信自己的信念，只要你想，你就能看到力量，這種力量一定能夠讓你達到目標。

# 2 做一個異想天開的人

敢於夢想，我希望生產能在這個宇宙留下痕跡的產品。

——史帝夫．賈伯斯

我在世界華人演說家俱樂部的核心品牌課程「總裁演說智慧」中分享到：小心你的夢想，它會成爲現實。

一個人的人生會受到自己想法的牽引，這是許多成功哲學的核心思維。個人的人生經驗，會幫助自己建立堅定的信念：「若非自己的熱切渴望，美夢不會憑空實現的。」換句話說，你能實現的目標，是你曾經衷心期盼過的。所以如果你連想都不曾想過，怎麼可能會實現呢？

也就是說，一個人的心之所求會如實反映在人生中。如果你想做些什麼，就得先想清楚自己要怎麼做，必須以超人一等、不顧一切的熱情去期盼，一定要有敢於異想天開的精神。

賈伯斯在IBM電腦控制世界的時候，向蘋果的員工發表演說，聽眾主要來自市場營銷部門。他談到即將問世的Mac電腦，第一次揭開了那著名的一九八七年Mac廣告計畫的面紗。他幾乎沒

有提到Mac的特徵和好處，而是將Mac的成功，提升到專制與自由之間相互競爭的高度，他稱之爲「技術的民主化」。以下是賈伯斯爲Mac的問世大造聲勢的演說：

「一九五八年，IBM錯過一個寶貴的機會，沒能併購一家發明了複印科技的新公司；兩年後，這家公司誕生了，也就是全錄；從那時起，IBM就一直怨嘆自己看走了眼。

「二十世紀六〇年代末，迪吉多電腦公司（DEC，Digital Equipment Corporation，一九九八年被康柏購併）聯手其他公司，發明了迷你電腦；IBM認爲，迷你電腦過於迷你，無法承載重大的運算處理工作，因此不屑一顧。當IBM最終又轉身殺入迷你電腦市場時，迪吉多電腦已經發展成爲價值數億美元的公司。

「來到七〇年代末，一九七七年，蘋果這家西海岸年輕的小公司發明第二代蘋果電腦，它是第一臺眞正意義上的個人電腦。IBM認爲，個人電腦過於迷你，無法承載重大的運算處理工作，因此對我們不屑一顧。八〇年代初，也就是一九八一年，蘋果II電腦已經是全球最流行的電腦，我們發展壯大，成爲一家價值三億美元、美國商業史上成長速度最快的公司。在已經有五十家競爭者的情況下，一九八一年十一月，IBM殺入了個人電腦市場，推出IBM PC。

「現在是一九八四年，看來IBM想要一家通吃，掌控一切（此時，賈伯斯的嗓門變大，語調越顯激動），大家把我們看做能與IBM做殊死對抗的唯一希望。經銷商剛開始，對IBM展開雙臂表示歡迎，已經開始擔心，害怕IBM會掌控未來。於是越來越多人轉向蘋果，在他們眼中，我們

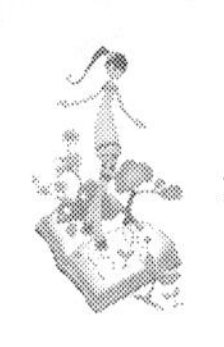



是確保他們未來仍享有自由的唯一力量。IBM意圖稱霸世界，正將槍口對準這個產業的最後障礙，也就是蘋果。整個電腦產業將被藍色巨人掌控嗎？不會！他們也將成爲控制整個資訊時代的老大哥嗎？也不會！喬治．奧威爾（George Orwell）對一九八四的預言終將成眞嗎？更不可能！」

賈伯斯在那次演講中受到了熱烈喝采，那情景向人們詮釋了什麼叫「夢想的力量」。賈伯斯透過描繪一幅未來電腦功能的圖景，贏得了無數的粉絲；他又把蘋果描繪成——立志保護人們遠離IBM專權控制的英雄，於是粉絲又變成了蘋果信仰的傳播者。

賈伯斯認爲，理想激勵者這些傳播者，他們是將想法變成眞的關鍵力量。

根據美國企業家協會的調查統計，眞正做大事的人不一定都是精明人，但一定是有夢想、有膽量的人。做一個有夢想、有膽量的人，比做一個有能力的精明人更難。

倘若在成功之前，你放棄了異想天開的機會，那麼你的生命，就注定只能留下遺憾了。

# 3 做一個完美主義者

我知道，我沒有那麼多時間去嘗試所有事情，我能做的是，把所做的事情做得無懈可擊。

——史帝夫・賈伯斯

要做好任何一件事情，必須認真的做好每一個細節，追求每一個細節的完美，這樣才能將事情做到盡善完美。

莫內有一幅畫，描繪修道院的廚房裡工作的天使，一個正架水壺燒水，一個正提起水桶，另一個穿著廚衣伸手拿盤子。即使日常生活中再平凡不過的事情，也值得天使們全神貫注的去做。

生活中每一件事情，都值得我們去做，所以別輕視你所做的每件事情，即使最普通的事，也要全力以赴、盡職盡責的完成。將每一件小事做好，才有做成大事的可能。一步一腳印的向上攀登，便不會輕易跌落。

賈伯斯是一個絕對的完美主義者，尤其展現在蘋果新產品的研製中。

在蘋果負責Mac OS X人機介面設計小組的柯戴爾·瑞茲拉夫（Cordell Ratzlaff）認爲，將醜陋的舊介面裝在優雅的新系統上，簡直是恥辱，他很快讓手下的設計師做出一套新介面。新介面發揮了Nextstep操作系統強人的圖形和動畫功能，但沒有資源，也沒有時間，將這個新介面植入Mac OS X。

數月後，所有參與Mac OS X的蘋果研發團隊，在公司之外，召開爲期兩天的會議。會議上，他們懷疑如此龐大的新系統能否完成，但當最後發言的瑞茲拉夫演示完新介面的設計後，房間裡響起了笑聲。「我們不可能再重新做介面了，這讓我非常沮喪！」瑞茲拉夫回憶說。

兩週後，瑞茲拉夫接到賈伯斯助手的電話。賈伯斯沒有看到這個設計方案——他沒有參加那個會議，但現在，他想看一眼。

這個時期，賈伯斯還在進行對蘋果所有產品團隊的調研。瑞茲拉夫的團隊在會議室等待賈伯斯出現，他一露面，隨口而出的竟是：「一群菜鳥。」

一向以追求完美著稱的賈伯斯問道：「你們就是設計Mac OS X的人吧？」他們怯怯的點頭稱是。「眞是一群白痴！」賈伯斯一口氣指出他對老式Mac介面的種種不滿。尤其討厭的是，打開視窗和文件夾，竟然有八種不同的方法。「其問題就在於，視窗實在太多了。」瑞茲拉夫說。

賈伯斯、瑞茲拉夫和設計師們，就Mac介面如何翻新進行深談，設計師們把新介面的設計方案，展示給賈伯斯看，會議才算圓滿結束。「把這些東西做出來給我看。」賈伯斯下了指令。

設計小組夜以繼日的工作三個星期創建軟體原型。「我們知道，這個工作正處於生死邊緣，我們非常著急。」瑞茲拉夫說，「後來賈伯斯來到我們辦公室，和我們待了整整一下午，他被震住了。從那之後，事情就很清楚了，Mac OS X將有一個全新的用戶介面。」

賈伯斯對他跟瑞茲拉夫說過的一句話依然印象深刻：「這是我目前在蘋果所看到的第一例，智商超過三位數的成果。」瑞茲拉夫對這句讚揚喜形於色。對賈伯斯來說，要他說出你的智商超過一百，就是莫大的認同。

賈伯斯不是技術人才，卻是「一個技術標竿」。蘋果的新品研發過程中，有強烈自尊的工程師，都很難忍受賈伯斯的挑剔，使得沒有人可以跟他合作一次以上。

無論是蘋果的技術員還是合作夥伴，都承認賈伯斯的完美主義，讓他們做出超越自己能力的成果，許多產品也因爲他的最終審核而提升水準。

假如一件工作完成了百分之九十，有人就會覺得已經夠好了，但百分之九十九的成功還是會因最後百分之一的失敗而全盤皆輸。許多工程師都有這樣的經驗，因此決心要奮戰到最後，以追求完美。他們知道，即使是最小的差錯，也可能會致命——不只是對自己的計畫，也關係到人們的性命。一座抗震的橋梁，在大難過後，成了無法彌補的損失。這就是大多數的工程人員抱有努力做到圓滿的原因。

# 4 你的一生就是賭博

如果你不敢去跑，就不可能贏得競賽；如果你不敢去戰鬥，就不可能贏得勝利。

——史帝夫．賈伯斯

我在世界華人演說家俱樂部的核心品牌課程「總裁演說智慧」中分享到：一個人的成功在於有知識、有見識，更要有膽識。

賭博，是一種膽量、勇氣的展現。一個人絕對不可缺少膽量和勇氣，一個沒有勇氣的人必不會有所作爲，所以我們要壯起膽，任何時候都不要失去勇氣，即使沒有十足的把握，也要把勇氣放在心頭，做一個勇敢的人，擁有一顆勇敢的心。

要知道，一個沒有勇氣的人，走的是昨天的路，或別人已走過的路，無法找到可貴的東西。人都喜歡走鋪設平整的大道，在那樣的路上亦步亦趨，但只知步人後路是絕無法開拓新事業的。因爲和別人做一樣的事情，很難期待能獲得出色的成果。

二〇〇一年，蘋果推出iPod數位音樂播放器，賈伯斯爲它揭幕時，持反對意見的人把這個賈

伯斯所標榜的「突破性數位設備」，視為代價昂貴的小玩意兒，但最後iPod成為市場上，主導數位音樂播放器和必備的時尚用品，笑到最後的是賈伯斯。這當然不是賈伯斯第一次下注在一個不被人看好的產品上，在他的職業生涯中大多充滿這樣的賭注行為。

從一九七六年組建蘋果公司開始，賈伯斯的人生就具備了強烈的賭博色彩，並在以後的人生中一直賭了下去。一九八四年，麥金塔電腦投入市場時，他預測這個利用滑鼠進行操作的圖形介面，一定能加速電腦的普及。儘管蘋果在確立市場標準的競爭中輸給了微軟，但賈伯斯的預測還是很準確。

一九九九年，賈伯斯決定推出一系列五顏六色的iMac機型時，他受到了更多的嘲弄，這些機型卻讓蘋果起死回生。之後隨著iTunes Storeo音樂商店的啓動，賈伯斯向他的對手暗示：總有一種方法，能讓人們從網路上付錢下載音樂，而不是偷竊音樂。

賈伯斯對新市場的嗅覺，再次被證明是準確的，因為蘋果現在每個月都能賣出數百萬首歌。賈伯斯賭了很多次，輸過無數次，也贏了很多次。重新回到蘋果的賈伯斯，並沒有放棄他之前經營的皮克斯——專門從事電腦動畫電影製作的公司。

一九八六年，賈伯斯花一千萬美元買下盧卡斯導演的電腦動畫部，成立皮克斯動畫工作室。到目前為止，僅《玩具總動員I》（一九九五年）、《蟲蟲危機》（一九九八年）、《玩具總動員II》（一九九九年）、《怪獸電力公司》（二〇〇一年）和《海底總動員》（二〇〇三年），

這五部票房冠軍的動畫，就帶來了二十五億美元的收入。二〇〇四年，《海底總動員》還獲得了奧斯卡最佳動畫長片獎，但雄心萬丈的賈伯斯瞄準的可不只是這條「小丑魚」。

當其他技術業的巨頭，十方百計想在媒體爲自己留名時，賈伯斯已在這兩個似乎沒什麼關聯的行業中穿行無阻。賈伯斯在大的賭局上獲得成功，這源自於他的自信，這個個性使他認爲，「只要認爲是對的，就不要去理會別人說什麼！」這種自信帶來了強大、無形的說服力。

中國有句古訓：「才學膽識，膽爲先。」

仔細觀察周圍的人將不難發現，天下永遠不缺有才華的人，但眞正有膽量的人，少之又少。邱吉爾說：「勇氣很有理由被當作人類德性之首，因爲這種德性保證了所有其他的德性。」敢於第一次吃螃蟹的人，也就是不怕死、敢拿自己的生命做賭注的人，這是有膽量的人。

膽量，決定你能否成爲領導，將有所作爲。膽量，是人生賭場上最大的一筆賭資。

# 5 只要走過，夢碎也無妨

我覺得我令企業界的前輩們失望——我把他們交給我的接力棒弄丟了。我成了公眾眼中失敗的示範，甚至一度想要逃離矽谷。

——史帝夫・賈伯斯

賈伯斯不避諱自己的失敗。在他的眼中，失敗並不是一件無法接受的事情，任何人都會經歷失敗，重要的是，當失敗來臨的時候，如何面對？

逃避，於事無補，不能改變任何事實，除了讓你變得更畏縮、怯懦外，幾乎不會對你產生任何影響。勇敢面對並承認失敗，需要勇氣，也是一個成功者所必備的東西。

一個人如果不能改變自己的想法，就只能成爲過去的奴隸。

一九八四年，蘋果成爲美國發展最快的電腦公司，擁有四千名雇員、資產超過二十億美元。賈伯斯回憶說：「在公司成立的第九年，我們剛發布了最好的產品，也就是麥金塔，我也快要三十歲了，那一年，我也被自己創建的公司解僱了。」

在蘋果蓬勃發展的時候，賈伯斯覺得，有必要邀請商業高手一起管理公司，於是他對當時百事可樂公司的總裁約翰．史考利說：「你是要下半輩子繼續窩在這裡賣糖水，還是跟我一起改變世界？」就這樣，約翰．史考利決定和賈伯斯一起打造蘋果。頭幾年，公司運轉得很好，不久，他們之間就發生了衝突。

這跟賈伯斯天生喜歡標新立異、讓人難以忍受的怪脾氣，有很大的關係。很多蘋果的員工，甚至不敢和賈伯斯搭同一部電梯。年輕氣盛的賈伯斯喜歡獨斷專行，使約翰．史考利無法忍受。約翰．史考利認為，賈伯斯對新推出的Mac預估過高。賈伯斯認為，根據銷售報告，在Mac推向市場的第一年，銷售量達到五十萬臺並非難事，而會失利是因為約翰．史考利的問題。蘋果的董事也對賈伯斯提出質疑，但面對賈伯斯咄咄逼人的氣勢，他們又無能為力，隨後便被獨斷專行的賈伯斯免職了。

「在蘋果快速成長的時候，我們僱用了一個很有天分的傢伙，和我一起管理公司。剛開始，公司運作的不錯，但是後來，我們對未來的看法發生了分歧，最後我們吵了起來。當爭吵到不可開交的時候，董事會站在了他那一邊，我被解僱了。」

每個人都認為自己是天才，滿懷著理想，要有所作為，但現實總是無法盡如人意。現實告訴天才們，他們需要更理智些，就像人們常說的：盡最大的努力，做最壞的打算！只有這樣，在結果出來時才會心平氣和。

「賈伯斯的眼光長遠，可以達到一千英里。」他的同事傑伊・埃利奧特說，「但他卻看不見每一英里的詳細情況，他不明白：只有走好每一英里才有可能達到一千英里。他天才般的商業頭腦，是因爲他的眼光長遠；他之所以衰落，也是因爲他的眼光長遠。」

在不得不離開蘋果時，賈伯斯說，他對蘋果永遠有無法割捨的情感。「我的心會一直留在那兒，我想起蘋果，就像每個男人回憶初戀情人一樣，緣盡情未了。」

在走出蘋果的那天晚上，賈伯斯哭了！老戰友邁克・穆瑞（Mike Murray）擔心他會想不開，會做出衝動的傻事，晚上十點多衝到賈伯斯的住處，摸著一片漆黑，從後院的階梯爬進屋裡，發現他獨自躺在地板的床墊上。穆瑞不聲不響的靠著他坐了過去，緊緊的抱住賈伯斯，在黑暗中靜坐、對哭了一個多小時，等確信賈伯斯不會有事後，穆瑞才回去。

「在這麼多目光下我被炒了。在而立之年，我生命的全部支柱離自己遠去，這眞是毀滅性的打擊。」賈伯斯回憶當時說。

接著又說：「我發現這次的打擊是一帖苦藥，味道實在太苦了，可是我想蘋果電腦這個病人需要它。」賈伯斯被這次打擊澈底驚醒了，在交出辭呈後，決定破釜沉舟，重新來過，很快的，他從陰影中走出來。

世界上的事情永遠不是絕對的，結果因人而異。理想雖然破滅，但至少痕跡證明了，你曾經走過那段路程，而這段路的後面，你依然需要繼續走下去。

第 4 條

# 人生需要快樂的智慧

英國有家報社曾以「世界上最大的快樂是什麼？」為有獎徵答的主題。在成千上萬的回信中，獲獎的四個答案出人意料的平凡：看著辛苦完成的作品，藝術家開心的吹著口哨；沙灘上的小孩，用沙堆疊成一座城堡；辛苦工作的母親，回到家中替小孩洗熱水澡；用手術救回一條命的外科醫生。

# 1 興趣是快樂的泉源

我確信，我能堅持下去的唯一理由，就是我愛自己所做的事。你必須找出你的最愛，工作上是如此，對愛情也是如此。

——史帝夫．賈伯斯

我在世界華人演說家俱樂部的核心品牌課程「總裁演說智慧」中分享到：快樂，是我們每天送給自己最好的禮物。

心理學家認爲，當一個人從事自己喜愛的工作時，心情是愉快的，態度是積極的；而且很可能在喜歡的領域裡，發揮最大的潛能，創造最佳的成績。

所以年輕人哪怕職位卑微、渺小，都要快樂，因爲快樂是最大的幸福。況且職業不分貴賤，快樂也沒有尊卑之分；皇帝可以快樂，乞丐也可以快樂。總而言之，做自己喜歡的事，快樂隨之而來。當然，做自己喜歡的事，絕不是任性而爲，更不能違背倫理法紀。

對賈伯斯來說，從里德學院退學後，從此一切變得不一樣了，但其中原委，你未必猜得到。

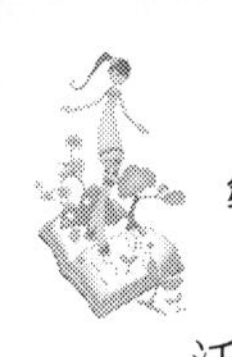



比爾．蓋茲從哈佛大學退學後創立微軟，但退學後的賈伯斯並不清楚接下來該要做什麼。他唯一知道的是傾聽自己的心聲。賈伯斯說：「從我退學的那一刻起，就不必上無聊的必修課，可以上我覺得有趣的課。」在接下來的十八個月中，賈伯斯儼然成爲典型的七〇年代校園的嬉皮，睡在朋友宿舍的地板上，靠賣可樂瓶罐換點零錢，每週日晚上步行去奎師那神廟大快朵頤。

聽起來，他的生活過得很慘，但賈伯斯熱愛那段日子的每分每秒，他的好奇之心可以隨意放飛，任由直覺帶領他前進。那時的賈伯斯選擇了一條看起來很隨意、很沒有前途的路——旁聽研究書法藝術的課。

他發現校園大多數海報的字都很美。里德學院的書法藝術課程堪稱全美頂尖，所以賈伯斯決心追尋這美麗的藝術。當時沒有人知道，這會是他生命的轉折，甚至幾年後改變了整個世界。

賈伯斯說：「這東西我好像一輩子都用不上，但十年之後，當我們設計第一臺蘋果電腦時，它們又重新浮現在我腦海中。我們把這些美術字都設計進Mac裡，那是第一臺擁有漂亮印刷字體的電腦，假如我沒有在里德旁聽書法藝術，Mac就不會有多種字體、字母間距也無法依不同字行來調整。而Windows系統又模仿了Mac，這樣算來，所有個人電腦可能都沒有這麼美的字體了。我如果不退學，就沒有機會旁聽這個課程，個人電腦就沒有現在這樣漂亮的排版印刷效果了。」

賈伯斯旁聽書法藝術的原因只有一個：字體讓他著迷。所以你一定要隨著自己的好奇心，生活終會賜予你答案。

直到二〇〇五年，賈伯斯才將這個故事，公諸於眾。這不只是在我們的理解中，賈伯斯逐漸形成其瘋狂創意的關鍵轉折點，也蘊涵了成就事業和生活的終極祕密——人要隨心而動。毋庸置疑，一個人之所以獲得成功，除取決於後天的努力和機遇，還有與天賦、興趣分不開。

賈伯斯說：「沒有興趣，有天賦也無濟於事。」一個人如果對工作沒有興趣，即使再怎麼有天賦也很難成功。

賈伯斯表示，一直以來，他對發明個人電腦而改變世界感興趣，因此他在每次蘋果電腦研發的創新上，都會帶著激情與興趣，保持最具發散性的思維，最後他成功了。在這個過程中，賈伯斯都很積極的去做每一件工作。

喜歡，是最大的動力來源。無論堅持、努力或是偶然成功，共同的根源全都在「喜歡」這個詞上。有人說：「為了和心上人見一面，千里之遙也只有咫尺之隔。」一旦喜歡上了，自然會產生努力的意念，也會在最短時間內把事情做好。旁人會以為你辛苦不堪，其實你根本渾然不覺，還樂在其中。

興趣是快樂的泉源，就是這個意思。

## 2 擁有你鍾情的東西

蘋果公司的核心價值是：我們相信有激情的人們能夠讓世界變得更好，讓生命永不停歇。

——史帝夫・賈伯斯

什麼是永不枯竭的生命動力？

賈伯斯從小就有一段不尋常的經歷。都說一個人小時候的經歷會影響一生，賈伯斯被棄養的經歷，對他的成長過程有很大的影響。有人說，賈伯斯現在的怪異、讓人難以忍受的扭曲性格，是童年的經歷所造成。但這並沒有影響賈伯斯的魅力，他依然是蘋果電腦的神話。

賈伯斯的生母當時是個研究生，未婚懷孕，她決定讓有大學畢業的人收養他；他的養父母是工人，沒有念過大學，養父連高中都沒有畢業。起初，他的生母猶豫著是否要讓這對夫婦收養。這對夫婦非常喜歡賈伯斯，在多次溝通後，他們保證將來一定會讓賈伯斯上大學，他的生母才在領養文件上簽字。

賈伯斯從小非常調皮，喜歡惡作劇。可能是被領養的關係，他上小學時，性格孤僻、和同學格格不入、愛哭。他的老師回憶當時的賈伯斯說：「他有點不合群，看事物的方式與眾不同。」

這種叛逆性格並沒有抹殺他對電子產品的興趣，爲了弄清其原理，他經常拆卸小型的電子產品，這或許和他的養父母有直接關係。他的養父母住在加州的鄉下小鎮，這裡後來設立很多電子公司，是美國矽谷的發源地。幸運的賈伯斯，經常和電子公司的工程師相遇，每天在一起。很多工程師都很喜歡這個聰明、好學的小男孩，經常送他一些電子產品，使他對電子產品的興趣更加濃厚，奠定了他後來成立蘋果電腦的基礎。

由於從小形成的叛逆、孤僻個性，中學時的他不善於交際，沒有什麼朋友。他經常連續好幾個小時，一個人待在車庫裡與電子產品爲伴。這給他帶來無窮的樂趣，由於這種狂熱而結識了成就他一生的朋友。

自暴自棄，是對自己生命的輕視。人生最大的悲哀不是挫折和不幸，而是踐踏自己。

一九七二年，賈伯斯在奧勒岡州波特蘭的里德學院，開始他的大學生涯，養父母幾乎拿出全部積蓄，讓他繳學費。賈伯斯受到美國嬉皮文化的影響，在里德學院，他把原有的叛逆發揮到了極致，長髮披肩，經常光腳，穿著邋遢、破舊的衣服，藉外表顯示其張揚個性。他在里德學院念了一個學期，就對大學生活感到厭倦，開始反思，覺得讀大學而花光養父母的積蓄，又解決不了他從小的疑問：「我是誰？我有什麼價值？我來這個世界做什麼？」

於是賈伯斯果決的從里德學院休學，他向學校討回學費，開始了另一種生活。休學後，他對字體設計產生濃厚的興趣，而且痴迷於東方哲學，對佛教尤感興趣，因此成了素食主義者。

由於對佛教的痴迷，賈伯斯決定去印度尋求人生眞諦。他從印度回來，幾乎變了另一個人，他穿著橘黃色的長袍，剃光頭髮，腦子裡充滿各種奇思怪想，一度想當歌手。

處在逆境中，有人會爲了想脫離逆境而奮鬥，有人會爲了無法克服逆境而墮落。

賈伯斯沒有選擇頹廢，他重新思考未來，決定找一份工作，自食其力。他改掉過去很多的不良習慣，由於依然熱愛電子產品，他回到雅達利電玩公司上班，好友沃茲則在惠普上班，下班後經常到雅達利打電玩，兩人的關係逐漸親密起來。

在商業判斷、投資方面，賈伯斯從不懷疑自己。沃茲設計出第一代蘋果電腦時，賈伯斯從中發現了巨大的商機，於是說服沃茲辭職，一起合開新的電腦公司，於是一九七六年四月一日，創立了蘋果電腦公司。

# 3 做微笑的你

每個人都有權利做美麗的自己。美麗是什麼？美麗就是有陽光的心態。

——史帝夫・賈伯斯

我在世界華人演說家俱樂部的核心品牌課程「總裁演說智慧」中分享到：微笑，是人際溝通的第一份見面禮。

賈伯斯說：「我的人生是美麗的，即使當時我被蘋果解僱、即使我面臨死亡的時候，我也是這樣的一個人，我從不懷疑自己的一生。」

不知道從什麼時候開始，「鬱悶」這個詞流行了起來。你有沒有想過，自己多久沒有開懷大笑了？爲什麼不能盡情的笑呢？生活需要陽光、需要微笑，並不是完美了才可以笑，只要熱愛生活，就可以隨時盡情的歡笑。

童話故事中描述，森林裡的動物都是好朋友，小鳥爲朋友唱歌，大象爲朋友蓋房子，小兔子幫朋友送信……小蝸牛很著急，因爲牠只能在地上慢慢爬，別的都做不了。小兔子經過小蝸牛的

身邊，小蝸牛對小兔子微笑。

小兔子說：「小蝸牛，你的微笑眞甜。」

小蝸牛心想：「對啊！我可以對朋友們微笑。」

隨後又想：「怎樣才能讓朋友看到我的微笑呢？」於是小蝸牛想出了一個好辦法。

第二天，小蝸牛把很多信交給小兔子。小兔子把這些信送給了森林裡的朋友們，朋友們拆開信，看到一張畫，上面有小蝸牛甜甜的微笑。

牠們看了也都微笑起來，說：「小蝸牛眞了不起！牠把微笑送給了大家。」

關於誰更美麗，見仁見智。你的容貌可能不出眾，但你要有動人的微笑。只要放鬆你臉部的肌肉，對自己微笑，對他人微笑，煩惱必會在微笑中化解。

李・夏普洛是一位退休的法官，他很有愛心，確信愛是最偉大的力量。他喜歡以愛爲前提，擁抱他人，大學同學給他取了一個綽號，叫「抱抱法官」。他車子的保險桿上寫著：「別煩我！擁抱我！」

爲了發揚愛的精神，這位老法官發明了「擁抱裝備」——外面寫著「一顆心換一個擁抱」，裡面則包有三十個背後可黏貼的刺繡小紅心。他帶著「擁抱裝備」走入人群，實踐給一顆紅心、換一個擁抱，因而聲名大噪。許多人邀請他演講，他總是和人分享「無條件的愛」的概念。

一天，老法官的朋友南希・詹斯頓來拜訪他。南希是一個職業小丑，她身著小丑服裝，臉上

畫著小丑臉譜，來邀請老法官帶著「擁抱裝備」到殘疾之家，探望那裡的朋友。他們到達後，開始分發氣球、帽子、紅心，並且擁抱那裡的病人。

老法官覺得很難過，因為他從沒有擁抱過臨終的人、重度智障或四肢麻痺的人。剛開始，他覺得很勉強，在醫師、護士的鼓勵下，才慢慢覺得容易了些。數小時後，他們來到了最後一間病房。

在這間病房，他看到這輩子所見過情況最糟的三十四個病人。他們的任務是將愛心送出去，點亮病人心中的希望。當他們開始分送歡樂時，整個房間擠滿著被鼓舞的醫護人員。

病人的領口全貼上了小紅心，頭上還戴著可愛的氣球帽。老法官來到最後一個病人面前，看到病人穿著一件白色圍兜，神情呆滯的流著口水，南希將滑稽的氣球帽戴在病人頭上、老法官貼一張小紅心在病人的圍兜上，然後深呼吸，彎下腰，擁抱著病人。

突然，這位病人哈哈大笑了起來，其他病人也開始把房間弄得叮噹作響，所有醫師、護士都喜極而泣。老法官問護士長發生了什麼事，大家永遠不會忘記她的回答：「二十三年來，我們頭一次看到他笑了。」

讓別人的生命有一點不同、有一點陽光是何等不容易，又是何等簡單！我們在傳達自己內心的微笑時，也讓自己變得更美麗、更幸福。

笑是人類最古老的交流方式，人類在學會說話之前，早已掌握了這門技巧。人們把笑當作是

一種表情，視為幽默感的展現。殊不知，笑的含義和作用，比這些都多得多。

我們笑著，卻一直低估笑的作用。笑，是個人感覺舒適或高興的表現，還可以用來傳遞人們彼此間的感情。

# 4 請隨時面帶笑容

被蘋果解僱，是我所經歷過最好的事情。

——史帝夫・賈伯斯

人的一生中都有無數的追求、都做過無數的事情，但眞正的快樂並不在財富之上、不在權力之巔，而是在簡單平凡的生活之中、在藝術創造之中、在孩子遊戲之中、在深深的母愛之中、在救死扶傷之中。

快樂是人生永恆的主題。生活中缺少快樂，如同飯菜中沒放鹽巴，缺乏了最基本的味道。每個人快樂與否，不在於擁有什麼。每個人都會有痛苦或不幸，少數的人在遇到痛苦或不幸後，會繼續快樂的生活。

有人把賈伯斯比喻成「失敗鬥士」。人們只看到圍繞在他頭頂上的光環，卻不了解在這些光環的背後，他也有很多的失敗、坎坷、不被理解，甚至是難以磨滅的教訓。

一九八四年，蘋果電腦一炮打響，賈伯斯的個人品牌被人們熟知，緊接而來的是令他煩惱的

「暗流」。蘋果電腦成長迅速，輝煌後不久便陷入「不易控制，雜亂無章」的狀態。

一九八五年八月，董事會做出一項決議：馬庫拉與史考利密切配合，重組蘋果，幫助蘋果走向正軌。言外之意，希望賈伯斯不要再管蘋果的事情了。這叫賈伯斯怎麼接受！蘋果是賈伯斯一手創立，現在卻被迫離開，這對他來說，是人生最大的打擊。

賈伯斯後來回顧蘋果對他的排擠時，說：「在安排好各種事情、招聘好重要人手，以及確定好技術發展的大方向後，史考利認爲，我沒有能力處理後續的事情。這對我傷害很大，是始終無法彌補的傷害。」

賈伯斯的心靈受到了很大的創傷，經過一段的低靡才逐漸走出陰霾，決定從頭來過，他把這次的失敗當作人生的教訓，更努力的完善自己的技術，最終用實力和信念，證明他才是蘋果獨一無二的主人。

所以無論如何，都要給你的生活笑臉、保持快樂的心態。做一個快樂的人，就能永保青春健康，戰無不勝。一個懂得主宰自己生活的人，不會爲自己沒有的東西感到悲傷，反而會爲自己擁有的東西感到快樂和喜悅。

樂觀豁達的人，能把平凡的日子變得有情趣，能把沉重的生活變得輕鬆活潑，快樂也就隨之而來；悲觀懊喪的人，喜歡把煩惱掛在嘴邊、把苦難寫在臉上、把憂愁悶在心裡，這樣必然與快樂無緣。

請隨時面帶微笑，讓微笑成爲你生活的習慣。快樂的生活，是讓身邊的人幸福的最好保證。生活處處充滿陽光，勇敢的人一路縱情高歌，即使烏雲籠罩，也會對未來充滿期待；不管從事什麼行業，都會覺得工作很重要，即使未能錦衣玉食，生活依然充滿了生機。

第 5 條

# 生活的智慧

想從有限的工作中獲得出人意料的成績，或想突破目前有限的發展空間，就一定要學會思考，突破常規。將這種想法透過行動，慢慢累積起來，最終將會形成厚積薄發的力量。

# 1 大膽思考，小心準備

當你想挑戰前人未做到的事時，會面臨周遭反對和抗拒的聲浪。即使如此，只要你心中堅決相信「做得到」，也能想像計畫實現時的情景，就應該大膽去實踐你的構想。

——史帝夫・賈伯斯

賈伯斯認爲，思考要大於科技本身的存在。所以他說：「我願意把我所有的科技，去換取和蘇格拉底相處的一個下午。」

蘋果公司在賈伯斯的帶領下，在IT業界遙遙領先。

一九八五年，當時賈伯斯被很多人認爲，是一個喜怒無常的領導者，他倡導花俏、激進的變革，並堅持全面的掌控，最終被趕出自己創立的蘋果，成了至今被人津津樂道的話題。十年間，賈伯斯澈底改變了，再次證明他傑出的創新思維和領導能力，使蘋果的股價一路飆升，把其他公司遠遠拋在後面，讓人們不得不重新審視他，對他刮目相看。

賈伯斯所有的輝煌成就，在他善於將舊式戰略貫徹到新的數位世界中，在他透過思考將它們

歸納起來，主要是高度聚焦的產品戰略、嚴格的過程控制、突破式的思考和持續的市場營銷。

這樣的思維方式，讓賈伯斯引領蘋果一步步走向成功，不斷翻新篇章，創造新奇蹟。

一九九七年，重回蘋果的賈伯斯，第一步即大刀闊斧的砍掉蘋果的產品，把正在開發的十五種產品縮減剩四種，還頂著員工的憤怒和不滿，毅然裁員，大大節省蘋果的運營費用，並遠離用低端產品滿足市場占有率的要求，也不向無法占領軍地位的臨近市場擴張。這種做法不太像賈伯斯的風格，但這步確實走對了。一直以來，賈伯斯都以大眾消費市場爲目標，重返蘋果後，依然沿用這一招，使蘋果成爲電腦界的索尼（Sony），讓每一個消費者都喜歡。

一九九八年六月，iMac上市，因爲擁有半透明、果凍般圓潤的藍色機身，迅速成爲時尚的象徵，喜愛趕時髦的人開始垂青這個充滿個性的品牌。三年裡，共售出五百萬臺。試想，賈伯斯如果拋棄或忽視對產品外形的設計，這款利潤達到百分之二十三的產品所有配置，都與前一代如出一轍，那麼當時的iMac就不會被人們青睞。

賈伯斯還大力開拓蘋果產品的銷售通路，讓美國領先的技術產品、服務零售商和經銷商之一的CompUSA成爲蘋果在美國的專賣商，這種方法也使麥金塔電腦銷量大增。

所以當你有新構想時，要儘量延伸靈感的羽翼，而周遭最好有些能激發構想，使其繼續膨脹的樂觀主義者。將大腦中的構想從「樂觀主義」的角度出發，就算稍稍過度樂觀也無妨。

工作中越冷靜、理智的人，越會反應冷淡的詳細說明，那個想法有多不切實際、缺乏深思熟

慮。這些人的說法不無道理，分析也一針見血。話又說回來，思考了很久的事情，如果不繼續思考如何準備後續發展，光會唱反調，就算再棒的構想，也會被當頭潑下的冷水，弄得失去信心，而喪失可能發展的機會。

一旦構想進入研究、擬定計畫的階段，態度就必須一百八十度轉變爲悲觀主義，做好一切最壞的心理準備、預想各種可能的風險、愼重細心的擬訂嚴密周詳的計畫。大膽又樂觀的態度，只能在構思及思考的階段派上用場。計畫開始付諸實行，態度又要回歸樂觀，果決的採取行動。

換句話說，要成就事物，實現想法，必須做好思考出於樂觀，計畫本於悲觀，實行基於樂觀的準備。

# 2 應該明白捨與得

蘋果電腦的存在，絕不只是個商業品牌而已，更是一種信念與任務。

——史帝夫．賈伯斯

我在世界華人演說家俱樂部的核心品牌課程「總裁演說智慧」中分享到：我今天的收穫，是我過去付出的結果；假如我想增加明天的收穫，就要增加今天的付出。

一九九七年，面對逐漸衰落的蘋果，賈伯斯重新歸來時說：「公司根本沒有焦點，每個小組都在做同樣的事情。如果蘋果公司想繼續生存下去，就必須要砍掉更多的項目。我們要有焦點，要懂得取捨，要做我們最擅長的事。」

賈伯斯認為，拯救蘋果的唯一辦法，就是專注在他們最擅長、最有價值的產品上，並把這些產品做到最好，為消費者、富有創造力的專業人士，製造易於使用的電腦。相較於SONY、SAMSUNG等科技大廠，蘋果電腦推出的產品不算多，但每種都堪稱經典，這就是蘋果讓人瘋狂的地方。賈伯斯是怎麼做到的？賈伯斯認為，不夠專注勢必耗損企業資源，所以他堅持，只專注

在他們擅長的領域，選擇將一兩件商品做到最好，讓這些商品在市場上，引起世人的矚目、驚嘆，成爲不得不買單的殺手級產品。

賈伯斯取消了數百個軟體項目和絕大部分硬體項目，包括顯示器、印表機和最具爭議性的「牛頓」掌上型PDA。這個產品具有手寫辨識功能，當時相當搶手，各大公司皆紛紛推出，市場反應熱烈，前景很好。蘋果的人大多贊成推出這個產品來瓜分這塊肥肉，賈伯斯卻堅決反對。他覺得那是沒有意義的事，他知道百分之九十使用掌上型電腦的人，目的只是想在旅途中獲得信息，而過不久手機就能勝任這項任務，因此PDA的市場將會大幅萎縮，消費群會減少，還是應該把注意力集中在iMac上，做可有可無的產品，只是在浪費時間。iMac的問世，證明了賈伯斯的高明。iMac迅速竄紅，並占據了市場，讓紅極一時的PDA黯淡無光。

史考利說，賈伯斯十分關注用戶的體驗。「他總是從『用戶體驗會如何』的角度來考量。和今天產品市場營銷人員不同，賈伯斯不相信消費者調查的結果。他說：『我怎麼可能去問一個對圖形使用者介面電腦毫不了解的人，應該怎麼做圖形使用者介面電腦呢？根本沒有人見過這種東西。』」賈伯斯認爲成功的關鍵是有人買你的東西，也就是你的顧客，所以只要關注消費者的訴求就夠了，至於別人在做什麼不用管他。他說：「蘋果公司的根本是爲人製造電腦，而不是爲公司。這個世界不需要另一家戴爾公司或康柏公司。」

蘋果眞正走出低谷，是賈伯斯敏銳的從消費者身上，看到了即將來臨的數位娛樂革命，轉而

將注意力專注在數位娛樂市場上。就像當年的iMac，在數位娛樂和家庭消費市場上，消費者想要的是數位娛樂、通訊和創意產品，而賈伯斯最擅長的就是創意。

iPod加上iTunes，讓蘋果大紅大紫。蘋果公司表示，二〇〇一年十一月，iPod開始推出，至二〇〇七年，總銷量已突破一億臺，成爲史上銷售最快的音樂播放器。網路音樂商店每天售出五百萬首歌曲，總計已售出三十多億首歌曲。蘋果公司共推出超過十款各式不同的iPod產品，銷量都相當不錯，這一切的成績都在於賈伯斯捨得的智慧。

# 3 贈人玫瑰，手留餘香

希爾老師是我生命中的天使，因為她，我才得救。我從她身上學到很多東西，這是其他老師不能給我的，要不是她，我一定會進監獄。

——史帝夫・賈伯斯

人的一生中，多少會遇到讓你豁然開朗、改變你人生態度的人。你應該感謝他們，如果沒有他們，你的生命或許會黯淡許多。

請感謝在你生命中，曾給你無私幫助的人。因爲他們的幫助，你才能獲得多樣的人生，你的一生才會更光明。他們讓你懂得關愛、互助的價值，也讓你明白人生的意義。

人都會遇到懵懂、困惑時，這時會希望有人能伸出援手。當那樣的人出現時，你應當感謝他們，是他們帶你走出泥沼，使你脫離困境。

賈伯斯重回蘋果時，變了一個人，但魅力沒有變少。面對群眾的尖叫，他學會低調、謙遜、溫和，變得更成熟。如果不是朋友的幫忙，賈伯斯離開蘋果後，就不會東山再起，更不會有機會

重新領導這個團隊。

在蘋果產品的展示會上，他收斂起傲慢和高人一等的優越感，誠心誠意的感謝這些人，和大家一起分享成功的果實。

在賈伯斯的職業生涯中，他第一次經歷如此的場景，他對著員工和夥伴說：「現在，你們眞的讓我很激動，我每天都要去皮克斯公司和蘋果公司，與世界上最有天賦的人一起工作。我們所做的是世界上最出色的工作，但這些工作都屬於團隊工作。」

要是在十五年前的賈伯斯，他一定說不出這樣的話，他會認爲這是自己的功勞。

做人如水般溫和，爲人低調，做事有條理，與人爲善，這就是爲人之道，也是一個成功者必備的品德。想要成功的人必定是有修養的人，也是值得交往和追隨的人。

生活是人與人的連接，假如你不想掉進深淵，就會在牽他人的手、給他人力量的同時，自己也得到生存和發展的支持。助人爲樂是中國的傳統美德，助人的過程可以昇華靈魂、提升人格。

有位盲人，晚上出門會提著燈籠。別人看了覺得很奇怪，問他：「你又看不見，爲什麼還要提著燈籠呢？」

盲人回答：「我提燈籠不是爲了自己，是爲了別人，讓他們看得到我，既幫助了別人，又保護了自己。」

俗話說：「天時不如地利，地利不如人和。」人和，就是彼此提攜、相互支持，是如此的重

要。如果人人都能獻出一份愛，世界就可以成爲美好的家園。「我爲人人，人人爲我。」是現代社會和諧發展的基礎。

可能有人覺得助人會給自己增添麻煩，帶來損失，因而大多持著「多一事不如少一事」的心態。殊不知，舉手之勞可以使人受益，然而人們卻徬徨不定。

有位司機談到他的經歷時說：「以前開車經過隧道，我不喜歡開車燈。隧道不長，裡面光線還好，沒有必要開開關關。有一天，我被迎面來的大卡車撞上了，險些喪命。我才覺悟，開車燈是給對方看的，因爲進入隧道，是從亮處進入暗處，視覺難免調整不過來，如果雙方的車都不開燈，那就實在太危險了。」

幫助他人等於幫助自己，這和盲人提燈籠的道理相同。在幫助他人的同時，也修養了自己的身心，獲得精神上的滿足和激勵，更能表現人生的意義和價值。

調整自己的心態，心存好意，腳走正路，身行善事，定能換得美好的人生。

# 4 每天都充滿期待

如果你能讓自己跑起來，總有一天，你會學會飛翔。

——史帝夫·賈伯斯

我在世界華人演說家俱樂部的核心品牌課程「總裁演說智慧」中分享到：我們應該相信，人生可以如我們想像的美好。只要你不放棄希望，並且一直有所期待，終究能夠如願以償。

賈伯斯說：「人生的悲劇，在沒有期待和有期待。」這句話就像他的一生。很多人不知道每天應該做什麼，不應該做什麼，長久下來，虛度了一生，因爲沒有期待，過得人累心也累。要知道，對每天充滿期待，是一種生活態度。

蘋果的創始人賈伯斯是一個傳奇人物。他重回蘋果，在他的帶領下，使蘋果反敗爲勝，走上一條科技和商業結合、以消費者爲主的道路。

賈伯斯後來成爲迪士尼的大股東，他在這個娛樂王國構想著未來。賈伯斯的崛起，被美國商界視爲成功的特例。賈伯斯渾身充滿藝術家的特質，他的所有商業活動，無論成功與否，都已超

越了商業的範疇。儘管蘋果已三十多歲，正當壯年，但在微軟看來，蘋果還只是一個蹣跚學步的孩子。賈伯斯並非空想家，他的空想建立在期待的基礎上，任何想法都是他有所期待的表現。

如今的賈伯斯成了世人的寵兒，許多人試圖模仿他，向他靠攏。但他的古怪特質是無法改變的，是任何人模仿不來的。所有有關他和蘋果的描述，以及對他與技術產業、流行文化關係的解釋，都極力渲染他的極端。有關他過去不規律的飲食習慣、對完美主義的瘋狂迷戀、與絕望抗爭的報導，層出不窮。也難怪他的傳記作者華特．艾薩克森（Walter Isaacson）認爲：「他尚未準備好迎接其黃金時代的到來。」

今天蘋果所擁有的成績無不證明，賈伯斯對產品外觀和感覺的期待，正是蘋果的產品如此與眾不同的原因。賈伯斯期待如何在高品味和大眾化、耀眼和平淡、個性化和標準化等進行選擇。Mac筆記型電腦、Next電腦公司、PowerBook系列筆記型電腦、數位音樂播放器iPod Nano，甚至皮克斯動畫人物等，都讓他的才華展露無遺。

無端的評論與質疑，絲毫沒有影響賈伯斯發揮才能。賈伯斯很固執，剛開始，由於他過於執著的追求軟體的獨特性，使蘋果的產品無法普及。對賈伯斯來說，「內容只是商品，機器卻是寶貴、獨特、價值連城的神聖傳播工具。」機器才是他所追求的東西，最後也是他對產品的堅持，才引領蘋果風靡全球。

過去如此，現在更是，他對事業一直充滿期待。

第 6 條

# 犯錯不等於失敗

人的一生，充滿大大小小的挫折，也多少會犯錯，重要的是，能不能從挫折中走出來、能不能修正錯誤，不再犯相同的錯誤。對成功的人來說，他們人生的谷底像是有一層軟墊，當不小心觸底時，他們會先稍稍沉下身，隨後反身彈起，利用反彈力的衝擊，把自己推向另一個機會。

# 1 成長的失敗才有價值

我是我所知道的人中，唯一一個在一年中敗掉二．五億美元的人，這對我的成長很有幫助。

——史帝夫．賈伯斯

我在世界華人演說家俱樂部的核心品牌課程「總裁演說智慧」中分享到：成功會讓人頭腦發昏，失敗會使一個人更有價值。因爲，失敗是成功之母！

失敗就像一杯苦茶，沒有人喜歡那個滋味，不小心嘗到時，會皺著眉頭，展露苦狀。把失敗當成上山的崎嶇路徑，只有不怕險阻的繼續向上攀登，才能到達頂峰。讓失敗挖掘出你的潛能、你的力量、你的信念，挖掘出你的智慧、你的勇氣、你的希望，將這些凝聚成成功的結晶！

失敗如同一杯苦茶，有著苦盡甘來的誘人滋味，要學會含淚品嘗。能笑著飲下的人，才能品味到之後的清香甘甜。

賈伯斯叱吒全球科技產業，他經歷了多次失敗，才有如此的風光。他相信，今天的失敗是明天成功的基礎。

一九八三年一月十九日，蘋果推出賈伯斯帶領研製的新一代電腦——麗莎（LISA）。麗莎是全球首款採用支援圖形使用者介面（GUI）和滑鼠的個人電腦。蘋果推出這款超越時代的產品，卻因價格昂貴、缺少軟體開發商的支持，而失去讓市場青睞的機會。麗莎在一九八六年終止生產。業界人士一致認爲，開發麗莎電腦，是蘋果最大的失誤。

麗莎的失敗，對蘋果和賈伯斯都有非比尋常的意義。賈伯斯認眞反省失敗的原因，時隔十二年，他重返蘋果後，將蘋果塑造成一個尊重失敗的公司。

人的一生沒有永遠的成功，失敗也是暫時的。經過失敗的考驗，人才有走向成功的資本。

一九九八年，iMac問世，肩負著蘋果的希望，還有賈伯斯振興蘋果的夢想。這次賈伯斯很愼重，iMac重燃蘋果再度輝煌的希望，成了當年最熱門的話題，一九九八年十二月，iMac榮獲《時代》雜誌「一九九八年最佳電腦」稱號，並名列「一九九八年度全球十大工業設計」第三名。

爲了乘勝追擊，一九九九年，蘋果又推出第二代iMac，有紅、黃、藍、綠、紫五種水果顏色的款式，供消費者選擇，一推出就引發全球搶購的熱潮。

如果你尊重失敗，並從中學到教訓，你就不會眞的失敗。賈伯斯從麗莎的失敗中吸取教訓；

也可以說，是麗莎挽救了蘋果。

人生幾多風雨幾多愁，事情不可能都一帆風順，儘管事先已做好充分的準備，仍不免遭遇失敗，這時我們要做的是承認失敗，然後爬起來，拍去身上的塵土，不要忘了前行的腳步。

一個人的成功與挫折，可能是偶然因素，或某個重大決定，我們做的事都不是徒勞的，要篤信累積的力量。

玩期貨的人都有一個共同感受：就像星際之間存在萬有引力，失敗猶如引力，透過錯誤，牽拉著投資者。如果投資者無所作爲，就會被黑洞吸捲入無底深淵；如果正視它、控制它，並配上有效的市場分析和決策，就可獲得足夠的能量和速度，澈底擺脫錯誤引力的束縛，使資金的成長呈現出一種螺旋生長狀態。

從失敗中吸取教訓，善待教訓，是智者的選擇。社會發展和科學技術的進步，無不是人們在經歷一次次失敗、挫折後，吸取教訓的結果。能夠面對失敗的人，教訓可以催自己奮進，激勵自己不斷拚搏進取，使事業更加有成；無法從失敗中吸取教訓的人，迎接他的將是再一次的失敗。

成功之前的失敗很普遍。初學溜冰的人必須經歷無數次的摔跤，因爲摔跤才能掌握技巧，最後暢然滑行；初學籃球者在一次次投籃的失敗中，累積經驗，才會第一次投進的可能。

沒有人想失敗，但失敗在人生的道路上，扮演著不可或缺的角色。

# 2 犯錯是一次的警告

有時當你創新時，你會犯錯誤，最好的辦法是趕快承認這些錯誤，並在其他的創新中改進。

——史帝夫．賈伯斯

犯一次錯誤，就是一次警告。犯了錯，即使沒有人發現，也要自己承認錯誤。犯錯不要緊，哪個成功的人沒有失敗過或犯過錯誤！犯錯了知道改正，把錯誤當成警告，下次就不會再錯了。承認犯錯並改進，可以贏得團隊的信任，獲得更多的支持。說不定，你的創新成果，會因此變得更完美。

眾多鮮活的事例顯示，敢於承認錯誤，人生道路才會更寬敞，人格才會得到提升；如果只知頑固的堅持，人是無法成長的，國家也不會強大。承認錯誤，是勇敢；繼續固執，是愚昧。

人的一生，充滿大大小小的挫折，也多少會犯錯，重要的是，能不能從挫折中走出來、能不能修正錯誤，不再犯相同的錯誤。對成功的人來說，他們人生的谷底像是有一層軟墊，當不小心

觸底時，他們會先稍稍沉下身，隨後反身彈起，利用反彈力的衝擊，把自己推向另一個機會。

美國捷藍航空公司（JetBlue Airways）創辦人大衛．尼爾曼（David Neeleman）就是最好的例子。大衛當初創辦了莫里斯航空公司（Moms Airways），公司發展迅速，業務蒸蒸日上，後來他以一．三億美元賣給西南航空公司，自己也成了西南航空的員工。五個月後，大衛被西南航空掃地出門。他在西南航空工作很痛苦，西南航空也快被他逼瘋。他們雙方簽訂的合約中有競業條款，規定五年內，大衛不得另創航空公司。五年的限制對他來說，猶如一輩子，當他從挫折中調整過來後，決定用這個時間來計畫他下一個事業。

他斟酌新公司的每個細節，包括企業的價值觀、良好的客戶體驗、聘用哪種員工、詳細的員工培訓及薪酬制度等。大衛說，被西南航空解僱，必須等待漫長的五年後，才能另起爐灶，是他碰到過最難的事。等五年期限一結束，他早已準備好，全力以赴。大衛和賈伯斯一樣，都能把糟糕透頂的情況，轉化為極具建設性的新時期。

賈伯斯說：「從失敗中培養樂觀精神，趕走消極情緒，就能獲得成功。」

這是人生必經的歷程，經歷過挫折，人才會成長，而對挫折的接受程度，決定了人的未來發展。可以說，問題不在發生了什麼，而在如何面對問題。做事之前，先對自己的行為和能力，進行評估，預想可能發生的各種狀況和應對方法，這樣即使遭遇挫折也不會太慌張。如果遇到沒有預想到的苦難，也不要急躁行事或怨天尤人，樂觀的面對、積極的解決最重要。盡最大努力去做

事，即使最終失敗了也沒有關係。過程比結果重要，更重要的，能從失敗中吸取教訓。將每一次的失敗當作是一次的警告，警告越來越少，做事成功的機率就會越來越高。

有些人做錯事不知反思，沒有將失敗當作警示，更不去查找失敗的原因，反而津津樂道「失敗是成功之母」，爲失敗找理由、藉口，甚至粉飾太平，忽略失敗。這是在推卸責任，是一種極不負責的態度，錯誤得不到修正，還會貽害無窮，造成同一個錯誤再次發生或引發全面的大敗。試想，如果賈伯斯繼續用他那偏執的個性走下去，沒有吸取麗莎失敗的教訓，後來的iMac也不會有人問津。沒有昨天的失敗，就沒有今天的成功。一直以來，賈伯斯很感謝被蘋果解僱，他從失敗中吸取了教訓，十二年後，重掌蘋果，帶領蘋果成爲全球市值最大的科技公司。

有失敗就一定有成功，失敗讓人感到無奈、痛苦。失敗不可怕，可怕的是不敢面對。成功的路上不可能沒有失敗，所以失敗是永遠的財富。與其學習別人的成功經歷，不如透析自己曾經失敗的原因，成功也許離你就不再遙遠。

有人在失敗後，面對任何事都覺得不順心、煩悶或亂發脾氣。這時需要用豁達的思想來開導自己：失敗是通向成功不可缺少的動力！

如果人生一帆風順，就無法懂得幸福的含義，就無法看到失敗後走向成功的鮮花，更聽不到雷鳴般的掌聲，因此我們要記取每一次的失敗。

# 3 收藏失敗的經驗

全世界最有錢的人，也無法將財富帶入棺材中……對我來說，夜晚入睡前，能為自己達到的美好成就喝采，重要多了。

——史帝夫・賈伯斯

賈伯斯說：「人生來無法一帆風順，坎坎坷坷、跌宕起伏、突如其來的風險都會光顧你。」生活中會遇到各種意想不到的困難和打擊，挫折來了，我們要以積極的心態面對，知道如何調整自己的心靈。

在賈伯斯被自己創建的蘋果解僱後，始終沒有放棄他的目標。時隔十二年，他又回到蘋果，帶領蘋果反敗爲勝。他告訴自己的團隊，挫折、失敗並不可怕，可怕的是在挫折、失敗面前一蹶不振。因此你要勇敢的面對挫折、失敗，收藏好每一次的失敗，然後學習它們給你的教訓，去迎接你的新人生。

在一棵乾枯的桑樹上住著一隻蝸牛，牠從出生就一直住在這裡。

一天，風和日麗，蝸牛小心翼翼的伸出頭來，慢吞吞的爬到地面上，把一截身子從硬殼裡伸到外面，懶洋洋的晒著太陽。

這時，螞蟻正辛勤的工作，一隊接著一隊，急速的從蝸牛身邊走過。看見螞蟻在陽光下來回走動，蝸牛不禁羨慕起來，牠大聲對螞蟻說：「喂！螞蟻弟弟，看見你們這樣，讓我眞羨慕！」

一隻螞蟻聽到了，停了下來，仰頭對蝸牛說：「來，朋友，我們一起工作吧！」蝸牛聽了，不由得把頭往回縮了縮，驚慌的說：「不！你們要到很遠的地方，我不能跟你們去。」

螞蟻奇怪的問：「為什麼？你走不動嗎？」

蝸牛猶豫了半天，吞吞吐吐的說：「離家遠了，要是天熱了怎麼辦？要是下雨了怎麼辦？」

螞蟻聽了，沒好氣的說：「這樣的話，你就躲到你的硬殼裡好好睡覺吧！」說完，匆匆追上自己的大隊，走了。

蝸牛並不在乎螞蟻的話，但牠眞的很想到遠處看看。經過深思後，蝸牛終於壯大膽子，把另一截身子從硬殼裡伸了出來。這時幾片樹葉掉落在地上，發出輕微的響聲，蝸牛嚇得像遭遇雷擊般，立刻把整個身子縮回硬殼裡。

過了好久，蝸牛才小心翼翼的把頭伸出來。外面依然晴朗寧靜，並沒有發生什麼事，只是螞蟻已經走遠，看不見了。

蝸牛緩緩的嘆了一口氣說：「唉！眞羨慕你們！可惜我不能和你們一起走。」說完，依舊懶

洋洋的晒著太陽。

人的心理有時和蝸牛一樣，對失敗會不自覺的逃避，就像手碰到火、觸了電會立即縮起來。但是磨難、挫折不會因你的逃避就消失，反而會因你的逃避變成潛意識，不知不覺，由潛意識變成無意識，最終一輩子跟隨你，干擾你的正常生活。所以遇到挫折時，解決方法只有一個：收藏每一次的失敗。勇敢面對失敗，想辦法克服，它們就會慢慢消失。

我們知道，公路不會永遠是筆直的，人生的道路也是一樣，經歷無數次的風吹雨打，生命才會更有意義。正因爲有這些經歷，人才會變得成熟。如果一直生活在沒有壓力、沒有競爭的環境裡，那人生將會毫無意義。

沒有永遠的成功，也沒有永遠的失敗；沒有永遠的白天，也沒有永遠的黑夜！怕摔跤就學不會走路，所以不能輸不起。記取每一次的失敗，可以讓人更快成長。從失敗中調整策略、方法、態度，從中增長見識，使人更穩重、智慧、堅強。

面對失敗，要求完美只會迫使自己失去平靜。記住每一次失敗的經歷，不要因失敗而否定自己。失敗不是丟臉的事情，而是很正常的事情。收藏失敗的經驗，就是要接受失敗的事實，從心裡接受，才能東山再起，才不會被打倒。

# 4 重新接受挑戰

成功的沉重，被從頭來過的輕鬆所取代，每件事情都不那麼確定，讓我自由進入這輩子最具有創意的階段。

——史帝夫．賈伯斯

賈伯斯說：「要磨練自己的耐心與信心，這是人生最大的資本，因為再強烈的暴風雨都會過去，災難也總會有結束的一天，任何人做人和做事在屢戰屢敗之後，要繼續屢敗屢戰。」

心理學家做過一項實驗：將一隻小白鼠放進一個有門的籠子裡，籠子的底部用金屬做成，並通上低電流，使小白鼠即使觸電也不會致命，但會引起相當痛楚的電擊。

如果將籠子的門打開，小白鼠會立刻跑出來逃避電擊。如果用玻璃將籠子的門堵住，小白鼠在遇到電擊往外跑時，就會撞到玻璃被擋回來。如此重複數次，在籠子底部通上電，使小白鼠在一次次企圖逃跑時受到玻璃的阻擋。

最後，小白鼠屈服了，牠匍匐在籠子裡，被動的忍受著電擊的折磨，放棄了逃跑的企圖。這

時將籠子門上的玻璃移開，讓小白鼠的鼻子伸出籠外，牠也不會主動逃出籠子，而是絕望、被動的忍受著痛苦。

小白鼠的這種狀態，在心理學上稱爲「習慣性無助」。

習慣性無助是描述動物，包括人在內，尤其是年輕人，在情感、事業上多次受到挫折後，表現出來的絕望和放棄的態度。這時的基本心理是退縮和放棄，對人來說，還有自我懷疑、自我否定和自我設限等，使人變得悲觀絕望、聽天由命，聽任外界的擺布，任命運隨著外力的強弱而波動起伏。

有人可能認爲，人和小白鼠不一樣，人如果看到有獲救的希望，不會連試都不肯試一試。這個結論在類似上述實驗的情況下大概可以成立，但是如果換成另一種情況，很多人的表現和小白鼠有驚人的相似。當我們說「理想已經被現實磨平了」的時候、當我們說「現實帶給我的是一次次的打擊，我終於放棄了」的時候，我們的表現就是「習慣性無助」。

蘋果公司雖然創造過神話，但沒有任何企業是戰無不勝的。果然，蘋果的低谷很快就來了。蘋果三號（Apple III）的推出，讓蘋果嘗到了失敗的滋味，它非但沒有占領市場，反而因爲硬體結構相當不穩定、訂價偏高，造成大量產品的回收。

一九八一年六月，蘋果公司在《商業周刊》等雜誌上刊登巨幅廣告，高調宣布，比蘋果二號（Apple II）好一百倍的蘋果三號即將在半年內推出。此舉用意有二：第一，振奮員工士氣；第

二，威脅新進入這市場的競爭者。

然而，到了年底，蘋果的技術團隊遲遲沒有交卷，新聞界和蘋果愛好者頻頻來電詢問進展。這時繼續硬著頭皮研發下去選擇只有兩個：第一，直到完美；第二，儘快出籠，消減技術指標。蘋果選擇了後者，就算這樣，蘋果三號拖到一九八一年五月才上市，且技術指標低於當初的承諾。身負技術缺陷和不守信用罪名的蘋果三號，遭到了市場和焦急等待的人們，無情的唾棄。

正當賈伯斯飽受打擊的時候，眼前一次出現了轉機。兩位傑出的設計師傑夫．拉斯金（Jef Raskin）和比爾．亞特金森（Bill Atkinson），帶賈伯斯到全錄位於加州的帕羅奧圖研究中心（PARC，Palo Alto Research Center）。當時的帕羅奧圖研究中心是二十一世紀電腦技術的孵化器，在這裡誕生的技術，直到今天依然強而有力的支撐現代電腦世界的技術天空，如選單控制、圖形使用者介面、網路等。賈伯斯在這裡，生平第一次看到圖形使用者介面操作系統，他馬上嗅出這就是未來電腦的發展方向。

賈伯斯回到蘋果，以一百萬美元的預售初次發行股票（市值約一千八百萬美元）爲條件，讓蘋果的工程師進入帕羅奧圖研究中心工作三天。他這樣做不但學習到最先進的技術，還利用這個機會，順勢挖走一批從事圖形介面研究的科學家。賈伯斯雖然吝嗇，但是他周密、獨一無二的計畫確實讓人自嘆不如。

失敗沒什麼，只要你敢重新再來。在歷史上，的確有很多這樣的人，他們絕不輕言放棄，絕

不會被挫折擊倒。失敗對他們是學習和吸取教訓的機會，是下一次成功的階梯。這樣的人克服了內心的恐懼和障礙，具備了頑強的意志和高遠的智慧；他們不是屢戰屢敗的愚人，而是屢敗屢戰的鬥士。

命運之神也許可以像實驗者對待小白鼠那樣操縱著我們，人卻不用像小白鼠一樣的活著。人可以思考，可以駕馭自己的情感和意志來征服命運。這是人性光輝的地方，是人類英雄主義的主要特徵。有這樣的價值，「屢戰屢敗」和「屢敗屢戰」，才會有大差別。

有一種屢戰屢敗又能屢敗屢戰的精神，就是重新接受挑戰的勇氣，這是任何成功者都必須擁有的力量。

第 7 條

# 有一顆勇敢的心

社會上有許多規範和條例，束縛著我們。這些疊加在一起，會讓人動彈不得，讓生活變得索然無味。賈伯斯不是循規蹈矩的人，他痛恨這些框條的束縛，認為這些死板的規矩，會讓人缺乏創意。因此他寧願當在海上自由行動的海盜，也不想成為受約束的海軍。

# 1 知道什麼能做，什麼不能做

> 你總有些事情是做得了的，也有些事情是做不了，你要清楚這一點。
>
> ——史帝夫・賈伯斯

每個人都應當對自己的品格、能力、特長、缺陷、經驗等，有清楚的認識，對自己在工作、生活中所扮演的角色，有清晰的定位，這樣才會知道自己適合做什麼，能夠做什麼。

在心理學上，這種自知之明稱爲「自覺」，通常表現在了解，並評估自己的自知、能力與局限、對自己的價值估算等。對賈伯斯來說，將蘋果做到最好，是他最想做的事情。

爲什麼每年蘋果的產品發表會，都會成爲IT界的焦點？爲什麼蘋果的新品，都是人們爭相擁有的心儀之物？爲什麼蘋果的產品幾乎暢銷不衰？爲什麼賈伯斯一直被商界精英奉爲偶像？那是因爲賈伯斯和他的蘋果團隊，做了自己能夠做的事情，並且不做做不好的事情。

賈伯斯最拿得出手的作品有三個：一九八四年的麥金塔電腦、二〇〇一年的iPod數位音樂播放器、二〇〇七年的iPhone手機。每一款產品都引起業界的震撼，以及用戶的瘋狂追捧。很多果

粉除了喜愛蘋果產品外，對賈伯斯的創新精神也著迷不已。

賈伯斯和蘋果公司靠著iPod、iPhone，獲得許多傑出企業家、最具創新公司的獎項，還重新塑造蘋果公司的股票市值。一九九七年，賈伯斯重回蘋果，蘋果的股價十六美元；二〇〇七年七月，股價已達驚人的一百四十五美元。賈伯斯帶領研製的iMac對個人電腦、Pixar（皮克斯）對電影、iPod對音樂、iPhone對手機，都有深遠影響，已經改變了人類的四大生活格局。

過去十年間，賈伯斯擔任蘋果首席執行長，他走過一段不平凡的歷程。剛回蘋果，他拯救面臨破產邊緣的公司；之後上演傳奇的一幕，創造iPod、iTunes，改寫了唱片業者的遊戲規則；接下來，又推動手持設備領域的革命，使用觸摸螢幕技術的iPhone，改變手機的面貌。現在憑著最新武器iPod、iPad（平板電腦），他又扮演起後個人電腦時代先鋒的角色。

人做著自己力所能及的事情，那麼每天都會過得輕鬆；如果總想做自己能力之外的事情，那麼每天的生活必定過得很疲憊。

在工作與人際關係中，最好不要輕易挑戰自己能力以外的事情，這樣只會使你更疲憊，甚至可能傷害自己和對方的情感。如果對方是生意夥伴，很可能失去合作的機會，則得不償失。所以如果是力所能及的事情，就大膽放手去做；如果不是，就算再有信心，付出再多，也於事無補。

某家汽車公司應徵一名維修部主管，經過幾輪淘汰，從幾千人應徵到剩下兩個人，分別是小張和小李。

最後考核由公司總經理主持，總經理請零件部給他們每人一部殘舊的壞機器，讓他們在規定時間內維修這兩臺壞機器。

小張把機器拆開，仔細檢查每個零件，不久，他皺起眉頭。總經理看了，笑著問：「可以修好嗎？」小張猶豫片刻，自信的說：「只要功夫深，鐵杵磨成針，我一定能修好，請放心。」

總經理聽了一笑，走到小李身邊。小李也把機器拆卸下來，仔細檢查，不久也皺起眉頭。總經理問：「可以修好嗎？」小李笑了笑說：「對不起，這部機器實在是修不好，很抱歉。」

最後被錄取的是小李，這樣的結果讓人大吃一驚。小張望著總經理，想知道爲什麼。總經理笑著說：「很簡單，這兩部機器都已無法修好，無論你下的功夫有多深，鐵杵是磨不成針的。」

不能說小張的精神不值得表揚，而是他高估了自己的能力。一部已破舊不堪的機器，經過詳細檢查後，已知修不好，爲什麼還要勉強修呢？既浪費時間又浪費財力。因此，小李被錄取。

## 2 問問自己：有膽量嗎？

如果你不敢上戰場，你連勝利的機會都沒有。

——史帝夫・賈伯斯

一次失敗，你可能還有勇氣去面對；如果打擊不斷的攻擊你，讓你如雪崩般手足無措，你還能坦然的繼續向未知的領域前進嗎？

很多失敗的人，因爲喪失勇氣，而沒有持續的動力、充分的信念，支撐他們去追尋生活。他們不怕冒險，卻怕持續的冒險，這種冒險讓他們充滿不安定感，最終退卻了。

膽量對一個人尤其重要。如果把生命比喻成一艘船，船行駛在大海中，需要很大的勇氣。你要做自己的船長，要知道想去的方向，必須乘風破浪的全速前進。

賈伯斯說：「我的時間大多花在前瞻性的工作上，我不被網際網路的繁榮所誤導。我認爲如果摒除網際網路泡沫經濟的瘋狂時期，現在的技術變革速度和我所見的過去二十年相比，沒有太大的不同。我深信科技創新沒有盡頭，有些強大的企業，從最艱難的時期成長起來；我看到很多

不錯的幼苗，從大學裡紛紛湧現。我是一名樂觀主義者，有足夠膽量的樂觀主義者。」

像賈伯斯這樣帶領蘋果的傳奇人物，不但得掌握自己的人生，還握著蘋果的命運，他知道這是責任和使命。能掌握自己人生的人，才有資格做別人的引領者，賈伯斯就是這樣。

有一次，賈伯斯全家乘遊艇觀光時，他兒子里德非常恐懼那洶湧的波浪，賈伯斯要求船長返回岸邊。船長拒絕，因為船上還有其他乘客，而且波濤會平息。賈伯斯只好打電話叫來一艘救生艇，先帶里德回去。當時是一九九七年，賈伯斯四十二歲，他說：「我自己就是航船的船長，只會領導不會服從。」二十世紀九〇年代，賈伯斯習慣稱自己是「航船的船長」，他也是個人電腦業的「船長」，這才是領導者的本質。

每個人都行駛在自己的汪洋中，航程不可能一帆風順。大學時，賈伯斯休學，窮困潦倒，整日無所事事，他決定去印度尋求人生的眞諦，短暫印度之旅給了他很多啓示。從印度回來，經過一番思考，他決定讓自己的船走出迷失，沿著內心深層想要的東西重新出發。前蘋果的員工，也是他的好友丹尼爾．卡特基（Daneil Kottke）談起這段經歷時說：「確切的說，賈伯斯心中總是裝著他的蘋果電腦。從更深層分析，他的成功是由於其內心，懷有一種深切的不安全感，這種不安全感使他必須出去闖蕩，來證明自己存在的價值。另外，由於他是被收養的孩子，他從小的行事方式並不被大多數人所理解。」

賈伯斯不是最出色的技術人員，他是天生的領導者。蘋果另一個創始人沃茲，他的腦子裡想

的是電路設計時，賈伯斯想的卻是怎樣開一家公司，給他們的品牌電腦取名。

賈伯斯常和好友到奧勒岡州的大同農場，幫忙修剪蘋果樹。他說：「那時我幾乎以水果爲主食，又剛從蘋果園回來，覺得『蘋果』這個名稱有趣，生氣蓬勃，又不會給人壓迫感……再者，如果列在電話簿上，Apple就跑到Atari（雅達利）的前面。」於是決定將公司名稱登記爲「蘋果電腦」，並徵得沃茲的同意。從取名字開始，賈伯斯就把掌舵權握在自己的手裡。

人必須具備膽量做自己人生的船長，但這並不是一件容易的事，必須不斷的磨練自己。

這種「我就是自己的船長」的膽量，成就了今天的賈伯斯，他永遠知道自己想要的是什麼。每次蘋果產品的研發、生產、銷售，賈伯斯都會參與，他明確的表達出，他想要怎樣的產品，想達到什麼目的。

多年的經歷，讓賈伯斯成爲一個全面的領導者，而不只是技術人員，領導蘋果公司，不僅是他有天賦，更重要的是，他有責任感、有毅力和勇氣。

# 3 不要按常規出牌

> 對我來說，當「海盜」可比加入「海軍」有趣得多。
>
> ——史帝夫・賈伯斯

當你被某些東西束縛太久就會麻痹，這或許會讓你獲得大多數人的認同與贊同，遺憾的是，你也從此失去了自由思維。我們應試著像賈伯斯一樣，去除既定的東西，放飛思維，去尋找更多的自由。

一九九八年，賈伯斯推出一個頗有力量的新型個人電腦——iMac。

iMac一推出，馬上震撼整個IT界，這是在賈伯斯的意料之中。賈伯斯早已不滿足「沉重大箱子式」的電腦，iMac僅憑姿色，讓人眼前一亮：半透明的塑料外殼，有藍、綠、橙、紅、紫五種顏色，弧線造型機身，圓嘟嘟的，十分可愛。

但驚人的設計，只是賈伯斯戰略變革的開始。他不想把蘋果電腦定位成個人電腦製造商，他思考更多的是蘋果公司的戰略變革，致力於把蘋果打造成一家高端消費電子與服務的公司；也就

是說，賈伯斯找到一條適合他的破壞性的創新路徑——不依賴技術，依賴的是價值創新。價值創新才能給客戶帶來更優秀的體驗，讓客戶在使用電腦的同時，更賞心悅目。

賈伯斯說：「在我們生活的這個時代，我們的活動越來越多的依賴技術。我們拍照時無需膠卷，無需加以處理就能顯現效果。我們從網路上下載音樂，用數位音樂播放器播放，在你的汽車中、廚房裡都是這樣。蘋果公司的核心強項，是把高科技轉換成身邊很普通的東西，讓人們感到驚喜、興奮和方便使用，關鍵就是要有好的軟體。事實上，軟體就是用戶體驗。」

二○○六年，IBM用「What Makes You Special?」這句話做爲廣告標題，「是什麼讓你與眾不同？」如果用這句話來問賈伯斯，答案一定是「創新」！做與眾不同的事、設計出最完美的產品，已經是賈伯斯生活的常態，他甚至被譽爲是蘋果公司的「首席夢想師」。

他雖然在很多產品的戰略上不是開創者，但也絕對不做跟風者。Apple II就是賈伯斯的第一款偉大的產品。當時，這款產品曾引起業界的轟動，從這款產品上面，人們看到了賈伯斯的創新能力。

「Apple II眞正的關鍵升級，在於它是一個成品，它是第一個你可以購買的完整電腦，而非只是一組配件。它的組裝完備，並且有自己的機殼和鍵盤，而且你眞的可以坐下來就使用。」

Apple II在電腦界被廣泛譽爲締造家庭電腦市場的產品，到了二十世紀八○年代，已售出數以百萬臺。Apple II家族推出大量不同的型號，包括Applee II e和Apple II gs，這兩款電腦到

了二十世紀九〇年代末，仍能在許多學校找到。Apple II 有一個改良的外殼和鍵盤，Apple II 與 Apple I 最大的區別，包括重新設計的顯示介面，這不僅有助於簡單的文字顯示，還包括圖像顯示，還有色彩顯示。

相較像打字機的 Apple I，Apple II 大大推動了個人電腦的革命，使更多人開始走上享用電腦所帶來的快捷生活道路。直到目前爲止，蘋果公司的成功，都源自於賈伯斯的一個基本理念：超一流的產品，會帶來超一流的利潤。

自創業以來，賈伯斯用他過人的創新能力和勤勞，抓住了這一商界定律。

賈伯斯的不走大眾路線的邏輯，讓很多企業家很難接受。他爲了改變世界，努力讓蘋果變得不平凡。在這一點，傳統的價值觀和他剛好相悖。

賈伯斯的獨特，可見一斑。

因此，年輕人要明白，只要有好的想法就應該把它做出來，即使與常規的方式不一樣，也沒有關係。在這個世界上，但凡成功者，都經常不按常規出牌。

總之，敢想就應該敢做，敢做就要做好。

第 8 條

# 不要錯過任何機會

「我們來到世界上，就是為了要在宇宙中留下不朽的印記。」賈伯斯如是說，也如此做。這種執著的信念和遠大的雄心抱負，讓賈伯斯有了今天的成就，讓蘋果有了今天的輝煌。每個人心中都有想追求和嚮往的成功，正是當初的夢想受到限制，才促成了最後的成就。所以，讓你的夢想更大些，讓你追求的腳步更紮實些，成功就近在眼前了。

# 1 發揮你的潛能

你想要一輩子賣糖水，還是想要改變世界？

——史帝夫．賈伯斯

人的潛能就像一座挖不盡的金礦，你可以從這座金礦取得所需的東西。挑戰自己，能激發自身的潛能。人習慣於展現自己熟悉、擅長的部分，回首前塵就會發現：從前緊鑼密鼓的挑戰、永無休止的壓力，竟在不知不覺間，練就了你今日的高超技藝。

賈伯斯說：「每個人都蘊藏著巨大的潛力，等待著自己去發現，這種力量一旦被激發，將帶給你無窮的信心與能量。」

約翰是音樂系的學生，這天，他像往常一樣走進練習室。在鋼琴上，擺著一份全新的樂譜。

「超高難度……」他翻著樂譜，喃喃自語，對彈鋼琴的信心跌到了谷底。跟新的指導教授已經五個月，約翰不知道，教授爲什麼要以這種方式整他。他勉強打起精神，開始以自己的十指奮戰、奮戰、奮戰……

琴聲蓋住了教授走來的腳步聲。約翰的指導教授很有名氣，授課第一天，就遞給約翰一份樂譜。「試試看吧！」教授說。

樂譜的難度頗高，約翰生澀僵硬、錯誤百出的彈著。

「還不成熟，回去好好練習。」下課時教授叮囑約翰。

約翰練了一個星期，第二週上課準備讓教授驗收，沒想到教授又給他一份更高難度的樂譜。

「試試看吧！」教授依然如此說，卻不提上星期的課。約翰掙扎著挑戰更高難度的技巧。

第三週，更難的樂譜又出現了，這樣的情形持續著。每次上課，約翰都會被一份新樂譜所困擾，然後把它帶回去練習，接著再回到課堂上，重新面臨兩倍難度的樂譜，怎麼都趕不上進度，完全沒有因爲練習而有駕輕就熟的感覺。約翰感到越來越不安、沮喪和氣餒。

五個月後，像往常一樣，教授走進練習室。約翰再也忍不住了，向教授提出，何以不斷折磨他的質疑。

教授聽了，抽出最早的樂譜，交給約翰，說：「現在彈彈這份樂譜吧！」

不可思議的事情發生了，連約翰自己都驚訝萬分，他居然可以將這份樂譜彈奏得如此美妙、精湛。教授又讓他彈第二堂課的樂譜，約翰依然有超水準的演出……

結束後，約翰愣愣的望著教授，說不出話來。

「如果我不這樣訓練你，你可能現在還在練習最早的樂譜，不會有現在的程度。」教授說。

美國學者詹姆斯根據他的研究成果說：「普通人只開發了自己蘊藏能力的十分之一，與應當取得的成就相較，我們是在沉睡。我們只利用了自身身心資源的很小部分，甚至可以說一直在荒廢。」沒有人知道自己到底具有多大的潛能，沒有人知道自己會有多偉大，所以要找尋內心眞實的自我，激發自己無窮的潛能。

人的潛能無法估量，關鍵在是否有堅持到爆發那一刻的毅力。你現在或許尚未顯示過人的能力，但努力不懈，發揮自己的最大潛能，有一天，你的步伐會越來越快，將其他人甩在身後。

很多人不斷要求自己學習，爲自己樹立很多榜樣和老師，讓自己越來越好，能力越來越強；有些人則覺得自己不需再進步，不思進取，故步自封，最終在社會前進的洪流中被淘汰。可見，潛能的發掘好比逆水行舟，不進則退。

每個人都潛藏著巨大的能量，只要你能發現，並加以利用，便可以實現理想。

## 2 你準備好了嗎？

有些人喜歡自作聰明，坐等機會，這是一件很愚蠢的事情。

——史帝夫．賈伯斯

我在世界華人演說家俱樂部的核心品牌課程「總裁演說智慧」中分享到：成功來自充分的準備。準備越充分，成功的把握就越大。

俗話說：「機不可失，時不再來。」這道理淺顯又深刻。身爲新世代的年輕人，在激烈的競爭中，想要有所作爲並不容易，若能抓住機遇，乘風而起，可攀上成功巔峰；一旦錯失機遇，可能讓唾手可得的成功擦肩而過，懊悔不已。

面對機遇，你要做好充分的準備。

一九八五年，賈伯斯被自己創立的蘋果解僱，這對他是幾近毀滅性的打擊，是他人生最灰暗的時期。但剛滿三十歲的他並沒有被打垮，在經過一段時間的沉潛後，他決定重新開一家公司，繼續研發他熱愛的行業，他在心中默默發誓，總有一天「蘋果」還會是他的。

他做好了準備，接下來有計畫的成立了NeXT公司。

賈伯斯出售他手上八十五萬股蘋果股票，淨賺一千一百萬美元。對賈伯斯出售蘋果股票的舉動，外界有各種傳言，有人說他會利用手中的資金，成立一個投資基金組織，然後當他擅長的風險投資專家；也有人說，他可能重新創建另一家電腦公司。

當時沒有人相信，他會接受被趕出自己公司的事實。愚者錯失機會，智者善抓機會，成功者創造機會。機會只給準備好的人，這「準備」二字，並非說說而已。

在史考利最後對蘋果進行整頓前的幾個月裡，賈伯斯打算去喬治．盧卡斯電影公司做電腦繪圖工作。想重新開發電腦就得有市場，但怎樣的人群才會對剛成立的公司較有利呢？賈伯斯有了一個瘋狂的想法，他打算成立蘋果教育基金，並根據這個想法，創建一個名叫「孩子不能等」的計畫，以大學爲市場，設計一種新型電腦。

「我結合研發電腦和培養人才兩個項目，帶領少數的電腦『天才』，一面創造電腦奇蹟，一面關注教育事業。」賈伯斯說。

爲此賈伯斯去了史丹佛大學的圖書館，查看生物化學和DNA重組的研究成果，他想知道除電腦產業外的其他迅速發展的產業。但這些還不夠，新公司需要電腦高手，於是他利用麗莎電腦的主要設計者，在設計機型上的分歧，成功挖走巴德．特里布爾，以及丹尼爾．魯文等人。

有人說，一夜之間，賈伯斯挖走了蘋果的「內核」。一切準備就緒，賈伯斯宣布他新創立的

公司名稱爲「NeXT」，這也預示著他「下一步」要重新創造奇蹟。

賈伯斯爲了成立新的公司，前期做了充足的準備。

雖然NeXT最終關閉了工程，把方向轉向開發操作系統和軟體，卻也爲賈伯斯重回蘋果，創造了不可代替的條件。一九九六年，蘋果已虧損十・四億美元，爲了重振蘋果的信心，蘋果董事會最後答應賈伯斯，以一・二億美元現金，以及面額三千七百萬美元的蘋果股票，收購NeXT。賈伯斯終於眞正回到了讓他日思夜想的蘋果公司。

賈伯斯不是預言家，他不可能在創建NeXT時就預料到有一天會讓蘋果併購，但他這樣做了就有機會。賈伯斯是對的，當機會來臨，他成功的借用NeXT爲跳板，重回蘋果。

在人生的道路上，努力做好準備，一定會有機遇來臨。小說家梁曉聲說：「有的人搭上機遇的快車，順風而行；有的錯過它，終身遺憾；有的一生都未能實現，默默的埋藏自己的才華。」

滿懷信心去追求機遇，給自己創造機遇。在機遇面前，守株待兔等於坐以待斃。天賜良機不可失，坐失良機更可悲，一個人要學會創造機遇，在機遇來臨之前做好充分的準備，用自己的聰明才智勤奮努力，不斷進取，踏實的耕耘，才能獲得成功。

# 3 千萬不要拖拉

開除不合格的人，我一直都非常討厭以仁慈的方式做這件事情。不管怎樣，這件事一定要做，機會要給幹練的人才行。

——史帝夫・賈伯斯

我在世界華人演說家俱樂部的核心品牌課程「總裁演說智慧」中分享到：凡事要養成馬上、立刻、現在就行動的習慣！

有成就的人在計畫未來時，會著眼於每一天的成就，讓每一天都有特定的收穫。工作時，這種緊迫感自然引發全神貫注的無窮力量，因此要把每一天視爲一個重要的獨立時間，用今天所完成的工作，來評價自己的表現。這樣才會知道，爲什麼有些人能夠成功，有些人總是失敗。

人們常說，每件事情的成功看似偶然，其實都有其必然性和預見性。機遇屬於有準備的人，還屬於有智慧、有膽魄、敢行動的人，屬於敢孤注一擲、破釜沉舟、放手一搏的人。

機會對人來說，是一種有利的環境因素，可以讓有限的資源，發揮出無窮的作用，藉此有效

的創造利益。具體的說，在特定的時空下，各種因素如約而至，且配合得當，就能創造出有力的條件。誰最先利用這些條件，有效的配置這些人力、物力，誰就能更快、更容易獲得成功，獲取更多的財富。

因此，機遇在形成之前或當下，如果你能看到它的存在，並勇敢付諸行動，那麼別人得不到的勝利，你會得到。

賈伯斯做事情不喜歡拖拉，即使重回蘋果，爲了讓蘋果走出信任危機，重新擁有消費者的信任，他對蘋果進行十分俐落的改革。

賈伯斯重回蘋果當掌門人，進行多項變革，最明顯的是在管理方面。他大刀闊斧整頓蘋果，迅速調整制約蘋果發展的組織結構，讓他在公司的地位日趨重要，使下滑的業績起死回生。

賈伯斯剛上任，便著手裁減公司內部的開支，合併相關的生產部門；他剛接手時，蘋果的庫存量高達兩個月，一九九八年初，已減半到只剩一個月。儘管庫存量已減少了很多，他還要求繼續減少，於是聘請康柏電腦公司前任採購執行長提姆．庫克（Tim Cook），幫他實現目標：趕超戴爾電腦公司。戴爾電腦公司在壓低庫存方面，是做得最好的電腦公司。

蘋果敢和戴爾叫板，可見賈伯斯的信心非比一般。庫克到任第一個月，就關了十處倉庫（原有十九處），藉由減少倉庫數量，成功降低蘋果的庫存；把蘋果一百家主要供應商，精簡到只剩二十四家，並說服他們把工廠遷到蘋果附近。

另外，蘋果設計了自己的網路訂購系統。這一切動作都非常順利，蘋果公司的網路商店，在接到訂單的當天，就能發出百分之七十五的貨品，這種速度很快獲得了消費者的信任。

消費市場毫不留情，就像人生一樣，不會等待任何人。如果你想占得市場的先機，必須毫不猶豫的做自己想做的事。賈伯斯上任後，已迅速解決蘋果的信任危機，但他認爲這樣還不夠。

賈伯斯最大的願望是使存貨天數降低到一天以內，這將打破正常存貨爲期幾週，甚至兩個月的紀錄。蘋果說服主要供應商遷到公司附近，以便及時發貨；提姆．庫克製造一臺蘋果電腦的生產流程，從四個月縮短到兩個月，這些都使蘋果能快速出貨，也更快進入市場。

機會是均等的，有人有能力去抓，有人不敢去抓，有人甘願與之失之交臂。成功者是捕獲機遇、創造機遇的高手，習慣在風險中瞄準後，不拖延的立刻行動，因爲機遇是不等人的。

許多人剛開始都有遠大的夢想，但缺乏立即行動的思路，導致夢想漸漸萎縮，衍生各種消極與不可能的想法，甚至就此不敢再存有夢想，過著隨遇而安、樂於安命的平庸生活，這也是爲什麼成功者占少數的原因。

你是否願意爲理想勇敢追求到底，並且馬上行動呢？當你捕獲機遇時，就接近成功一半了。

# 4 讓自己大放異彩

機會就在每個人的身邊，關鍵是我們要有發現機會的眼睛。

——史帝夫·賈伯斯

每個人都渴望成功，能做到最好，打破束縛，釋放光彩，但這種事情很少發生。大人從小教育小孩要知足，就這樣在不經意間，小孩按照滿足要求的最低標準來做事。如老師交代作業時，說明達到哪些要求才能得分，而學生常問的問題是：「老師，這題考試會考嗎？」

這種現象在工作中也很常見，當老闆把具體工作目標交代下來，並說明獎金、升遷制度，大多數員工會像學生一樣，認爲只要滿足這些條框就夠了，不用花更多的力氣做事。知道做一件事會得到什麼樣的回報時，實現預期很容易，你會爲完成這件事而努力。但如果不被這特定的條件限制，你就會看到比預期更驚人的效果。每個人都有無限的潛能，就像汽水搖晃後打開瓶蓋，會爆出氣泡。這就是一次大放異彩的機會。

無論何時，你要善於發現機會，扭轉局面，抓住機會來展現自己。賈伯斯有化腐朽爲神奇的

力量，有人說他是魔術師，因爲他善於發現機遇並且抓住。賈伯斯認爲，困難是暫時的，困難後面孕育著良機，就看你能不能抓住。

一九九六年，賈伯斯捲土重來，他從高峰跌落到谷底的十二年後，重回蘋果當兼職顧問，全球各大媒體的頭條新聞，紛紛刊登蘋果收購NeXT公司、賈伯斯重回蘋果的消息。賈伯斯受命於蘋果危難之際，他大力整頓奄奄一息的蘋果，實施一連串新產品降價促銷方案。

首先，改組董事會，之後做出令人瞠目結舌的大事——拋棄舊怨，與蘋果的宿敵微軟握手合作，締結舉世矚目的「世紀之盟」，達成戰略性的全面交叉授權協議。賈伯斯再度成爲《時代》雜誌的封面人物，接著推出了新的電腦。

一九九八年五月，iMac呈現在世人面前。它是一部全新的電腦，代表一種未來的理念，半透明的外殼、發光的滑鼠，以及一千兩百九十九美元的標價，令人賞心悅目。

賈伯斯擁有令人稱奇的發現良機的能力，他嗅出一個新領域，有些音樂愛好者下載音樂歌曲到電腦上播放，有些則把歌曲傳送到MP3上，這樣在開車、購物、慢跑時，都可以聽音樂。他預見到這場音樂領域的變革，他認爲：「音樂愛好者現在更願意從網路上下載歌曲，再傳送到iTunes上，就可以欣賞了，而不是去商店買CD回來。」可攜式數位播放器的出現，使隨身聽的體積，縮小到只有衣服口袋般大。賈伯斯覺得他發現了一個很大的金礦，雖然用戶還沒有意識到，但音樂市場是一塊成熟的市場。賈伯斯認爲：「許多事實、證據顯示，MP3播放器的生產商

根本就不懂得軟體產品。」

於是賈伯斯取消蘋果正在進行的部分研發項目，專注在核心產品——MP3播放器上。在iPod數位音樂播放器發表會前一個月，美國發生「九一一」事件，處在人心恐慌、高科技產業搖搖欲墜的狀態中。在這樣的背景下，二〇〇一年十月二十三日，賈伯斯向世界介紹了蘋果新產品——MP3播放器iPod。

iPod是蘋果最具傳奇色彩的產品，它以卓越的使用性和時尚設計，獨樹一格，同時推出伴隨著iTunes的誕生。iTunes網路音樂商店，永久性的重塑音樂產業，事實證明，蘋果的這個決定深具遠見，創造出蘋果新一波的輝煌。

賈伯斯挽救了蘋果，樹立在蘋果的領導者地位。二〇〇四年夏季，賈伯斯開車經過紐約麥迪遜大道，他看到每個街區幾乎都有戴著白色耳機的人。他回到公司興奮的說：「我當時想：『天啊！iPod播放器眞的開始流行了。』」因爲賈伯斯抓住了大放異彩的機會，讓他成爲數位產業的奇蹟。他總是給人不斷的驚喜，無論是開始還是未來。

在競爭激烈的社會，需要表現型人才，所以只有表現自己的絕技，只有大膽向他人、向社會展示自己的魅力，才能站上理想的舞臺，才有脫穎而出的機會，讓自己的人生變得眩目多采。

總之，給自己創造大放異彩的機會，是創造成功的前提。

# 5 尋找看不見的機會

幸運總會有意無意的降臨，只看你能否看見它的存在。

——史帝夫・賈伯斯

自古第一個吃螃蟹的人，最難能可貴。很多事看似容易，那是在別人做了之後，這是典型的馬後炮型思維。眞正有能力的人，會在別人未預料到之前、在別人心驚膽怯時，率先抓住機遇，敢爲天下先。他們即使遭遇挫折、屈辱，依然奮勇向前，因此會有所作爲。

賈伯斯認爲，別人看不見的東西才是最珍貴的，最能有回報的利潤。如果某公司已具有運營良好，或消費獨占的特性，或兩者兼備，就可以預期它能在經濟不景氣時生存下去，這個時期一過，未來的運營表現一定會更好。經濟不景氣對經營體制脆弱的企業，是最嚴酷的考驗；對經營良好的企業，一旦情勢改觀，將會展現強者的態勢，擴大原有的市場占有率。

賈伯斯大學只念了一個學期就休學，他覺得學校不能提供他眞正想要的東西，於是他重新思考自己和沃茲的特點。他缺乏沃茲在電子技術上的卓越天賦，但他知道如何把產品轉化爲利潤。

他相信自己一定能設計出特別的東西，然後拿出來賣。但那是什麼呢？

他開始努力尋找看不見的卻能成功的機會，夢想有一天能夠擁有一臺屬於自己的電腦，這時沃茲已設計出電路板。賈伯斯知道後很高興，他告訴沃茲，想把這項技術變成一家電子公司。

一九七六年，二十一歲的賈伯斯和沃茲成立自己的公司，並取了一個讓後人爲之瘋狂痴迷的名字——蘋果。

萬事起頭難，蘋果剛成立，舉步維艱。一天，電腦零售商保羅．泰瑞（**Paul Terrell**），看完賈伯斯的展示後，覺得他們的產品很不錯，決定冒一次風險，於是訂購了五十臺電腦，並要求一個月內交貨。賈伯斯喜出望外，立即簽約，拍板成交，這可是他們的第一筆大生意。

賈伯斯抓住了這個機會，讓蘋果電腦迎來了轉機。

不只是賈伯斯，任何人都一樣，如果不做常人做不到的事情、沒看到常人看不見的機會，就很難改變人生。

人生中有許多事情都是這樣，在別人覺得危險時、在別人看不見的危險裡蘊藏著機遇時，我們要擦亮自己的眼睛，像賈伯斯一樣，抓住機遇。只有別人看不見，你看見了，才能帶來無限的發展空間，無論是事業還是感情，都是如此。

許多年輕人很有想法，但沒有行動。問他們爲什麼，總是藉口說：「時機沒有成熟，等時機成熟了再說。」這是很消極的想法，必須去除。

賈伯斯說：「等待上天恩賜機遇，是極笨拙的行爲。」

在尋找成功的路上，不要以爲機遇是一位到家裡的客人，不要想機遇會隨時跟著自己起舞。眞正有價值的機遇，不可捉摸、無影無形、無聲無息，有時潛伏在工作中，大多徘徊在無人關注的角落。如果不用智慧的雙眼去觀察，如果不努力尋求、創造，就永遠得不到機遇。

世界上不缺少成功的機遇，更不缺少一直在尋找機遇的人，甚至尋找的人比機遇本身多。在這無形的財富面前，競爭激烈，這已不是靠自己能力那麼簡單，更重要的是智慧。

年輕人應該不停的主動爭取、觀察，看到哪裡出現機遇的苗頭，就立即去挖掘，尤其在別人還沒發現的時候。假如是十個人爭一個機遇，有九個人沒有發現機遇的來臨，你卻看見了，可想而知，它將會給你帶來怎樣的回報。

記住，別人看不見的機遇，你一定要看見。很多時候，一個機遇，會改變你的一生。

第 9 條

# 愛你所愛，無怨無悔

許多人做自己嚮往的事情時，再多麻煩也不覺得累；但做沒有興趣的事情時，總覺得時間過得很慢。工作有兩種：一種是大多數人所從事的，無法找到意義和價值的工作；另一種是自己熱愛的，就像賈伯斯為蘋果付出的工作。

# 1 找一份你熱愛的事業

從我辦好休學的那一刻起，就不必上無聊的必修課，可以上我覺得有趣的課。

——史帝夫·賈伯斯

我在世界華人演說家俱樂部的核心品牌課程「總裁演說智慧」中分享到：熱愛是最好的老師，熱愛是成功的泉源。

做自己喜歡的事情，永遠比跟著劃定的潮流，亦步亦趨要來得幸福，至少可以不必強迫自己接受與內心相違背的東西，選擇眞正喜歡的東西。

日本岡山市有棟非常漂亮、氣派的大樓，那是條井正雄所擁有的岡山大飯店，而當年條井是在身無分文的情況下蓋這棟大樓。

條井做過精密的實地調查，發現到岡山市的旅客，百分之九十七是因爲商務。之後，他在公路邊站了三個月，調查汽車來往情況；又花一年時間，製作幾張飯店設計圖和經營企劃書。他抱著試試看的心理，來到岡山市最大的建築公司碰運氣。

一位主管看過他的設計圖和企劃書後，問：「你準備多少資金來蓋這棟大樓？」

「我一分錢也沒有。我想，先請你們幫我蓋這棟大樓。至於建築費，等我開業後，分期付給你們。」條井泰然自若的回答。

「你簡直是在做白日夢，眞是太天眞了。請你把設計圖拿回去吧！」

「這幾張設計圖和企劃書，是我花了兩年時間完成的，請你們詳細研究！」說完，他把圖放在那裡，掉頭就走。

半個月後，建築公司約他去面談。公司的董事和經理齊聚一堂，從上午八點到下午四點，一個接一個向他提出問題，場面心驚肉跳。之後，公司決定花兩億日幣，替身無分文的他蓋飯店。一年後，飯店落成，條井成了老闆。

一個人從事喜歡的職業，心情是愉快的，態度是積極的，而且可以在喜歡的領域，發揮最大的才能，創造最佳的成績。一個人事業上的成就大小，和興趣有很大的關係，如果做自己熱愛的事情，心裡會愉悅和快樂，所以試著尋找自己喜歡的事，做自己喜歡的事，離成功就更近了。

賈伯斯一直是蘋果的靈魂人物，蘋果每次的創新和進步，都和賈伯斯大膽、創新、永不放棄的性格有關。這也塑造出蘋果厚實的品牌價值，從只有兩個人的小公司到全球知名的公司，是賈伯斯不斷追求的夢想，是他最鍾愛的事業，即使遇到諸多困難，也沒停下過腳步。他遇到許多坎坷，一度被自己創立的蘋果解僱，但想起自己的愛好，最後還是回到蘋果；當很多人質疑他的要

求和設計時，他依然堅持自己的想法，用事實證明他的堅持。

對事業的熱愛，是支撐你前進的動力和加速劑。如果你還沒有找到熱愛的事業，千萬不要放棄。得過且過，浪費生命，是毫無意義的生存方式。

## 2 珍愛你的青春

我們還很年輕，我們有資本，但是我要忠告各位的是：青春是金，不可揮金如土。

——史帝夫・賈伯斯

青春時期是人生最美好的時光，珍愛你的青春，去做自己想做的事情，投資自己的未來。這並不意味著你就可以放縱的面對生活，就像一個成功的投資者，不能只將目光放在眼前，而應該著眼於未來。青春是一筆巨大的財富，揮霍青春，會讓你在將它消耗殆盡時，才懺悔自己的一事無成。利用你的青春投資自己的未來，是最正確的選擇。青春只是漫長人生中的一小段，不代表整個人生。

人在青春期，可能會做出一些荒誕的事情，等事過境遷，沉澱下來後，就會知道自己該做什麼、想做什麼。

一九七二年，十七歲的賈伯斯，考上奧勒岡州波特蘭的里德學院（一所昂貴的私立大學）。他不想去上那些無聊透頂的課，只聽喜歡的課，其他時間則用來鑽研哲學和苦思冥想；他成爲素

食主義者；同學聚會時，生性叛逆的他，常坐在角落沉默不語。他不知道將來要做什麼，而上大學花光養父母畢生的積蓄，也不知道大學對他有什麼幫助。因此一個學期後，就決定休學，他相信船到橋頭自然直。

賈伯斯休學後，並沒有離開校園，他住在沒有暖氣的學生公寓裡，幾乎赤腳走路，過著放蕩不羈的生活。里德學院教務長達德曼（**Jack Dudman**）說：「他除了伶牙俐齒令人難以招架外，還拒絕接受一般人早已信服的眞理。簡單的說，他是一個十足的叛逆者！」

這時期的賈伯斯，思想獨特、混亂，猶如七〇年代的美國叛逆青年，崇尚各種奇特的文化。這種放蕩、墮落的方式，很快使他的生活變得窘迫，只好靠撿拾汽水空瓶換取生活費用。即使如此，他滿腦子依然是各種奇思怪想，一度想當歌手，也有過去蘇聯創業的念頭，爲了得到食物，每週日會步行很遠到一座印度神廟。

一九七四年二月，賈伯斯回到家裡，後來到製造電動玩具的雅達利（Atari）當技術員，時薪五美元，讓他學到不少。一天，他去找公司同事，也是首席工程師阿爾．艾爾康（Al Alcom），說他要去印度拜師。於是他光著腳、穿著破爛衣服到印度。這次遠行，他親眼目睹印度窮人面對命運的無助，心靈受到了前所未有的震撼。從印度回來，他幾乎變了另一個人，沉默寡言，整天穿著橘黃色的外袍，剃光頭髮。他決定以一種和過去完全不同的全新方式，從頭開始。

青春需要用心來珍愛，因爲它並不長久。

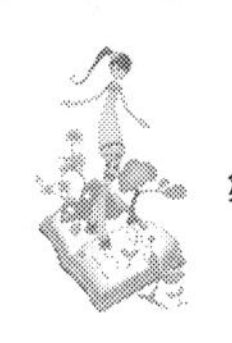



生活在繁忙的大都市，人們爲前途不斷學習、工作，整天忙碌，爲生存東奔西跑。東西在失去時，才會意識到它的重要。青春歲月是人生的重要階段，當人們逐漸長大，不再保有學生時的純眞，青春、歡笑、自由與嚮往逐漸遠去，人們會懷念那曾經的美好時光。我們不能被欲望主宰，要保持內心純眞，捍衛我們內心深處的淨土，也要學會享受青春，享受青春帶給我們的快樂。

成長後閱歷增加，會變得越世故。青春的心靈不會因歲月的流逝而消失，人們越成長，越需要它爲人生添上純白的雲朵。

總之，心靈美，莫過於青春的歲月。換言之，青春的歲月，是心靈美的極致。

# 3 你的人生要隨心而動

最重要的，有勇氣去追隨自己的內心和直覺。它們可能已經知道，你真正想成為什麼樣的人。其他都是次要的。

——史帝夫・賈伯斯

人最難了解的是自己。你可以控制自己的身體，但未必了解你的內心。你要問自己的內心，讓它來告訴你，你究竟想成爲一個什麼樣的人。

遵從自己內心的眞實感覺，很多讓你憂慮、疑惑的問題，它已知道了答案。當你遵循內心的指引，去追尋自己的人生道路時，你才能獲得更多的勇氣和信心，才能去做眞正讓你感到快樂的事情。

人生分成幾個階段，你要學習隨心而動，讓心靈的力量帶領你，去尋找你嚮往的伊甸園，你會發現，你的人生因此而增添了不少樂趣。

每個人都有自己的道路，別人的目標和道路對你並不合適。生命只有一次，你不能活在別人

的生活裡。

對賈伯斯來說，最恐怖的也許就是照搬別人的想法。每個人都有自己的直覺和想法，像賈伯斯這樣勇於堅持、敢於追逐的人，少之又少。

沃茲和賈伯斯一起創立蘋果電腦，是賈伯斯的創業夥伴，也是生活上的好朋友，更是最了解他的人。他們對電腦同樣痴迷，但行事風格、思考模式迥然不同。沃茲是一位忠心耿耿的員工和技術員，賈伯斯是一位能夠掌握方向的老闆，員工自然喜歡沃茲，不太喜歡賈伯斯。

沃茲對賈伯斯有著不同於其他人的認識，認為賈伯斯的自負，是建立在聰明和加倍的努力上，因為賈伯斯常有與眾不同的想法，善於創作不抄襲，極富生意頭腦。

人應該隨著自己內心的真實想法去做事情，不是任性而為，而是有方向性。不要把他人的夢想和自己的追求，同時壓在身上，會讓前途沉重又渺茫。放輕鬆，圍繞自己的想法，順應自己的心靈，去感受、思考，隨心所欲的表達自己的所想所思，自然會有屬於自己的路。

人的成長過程，與其說是學習與經歷，不如說是隨心而動的過程。許多人以模仿的方式，努力灌輸前人的智慧，以削弱或深埋自我個性為代價，適應集體總結出的遊戲規則，而造成對外在的世界和當下的環境，越來越遲鈍；自己內心豐富、鮮活的感受神經，被虛假的傳統所麻痺，使得在人生道路上備感飢渴與無奈。

以自己的內心感受為依據，以釋放自己的情懷為目的，任憑心性的自然流淌，把思維拉回當

下，重新審視屬於自己的那些自然的事情，才能創造出具有自我個性的生活。

我們應該在正確的方向前提下，表達自己內心的真實想法，才能清楚自己需要什麼，應該做什麼，做任何事情才不會覺得疲倦，生命才會充滿歡樂與希望。

第 10 條

# 眼睛要盯著前面

你必須了解，過去的已經過去，已經無法改變，不要將它們看得太重。節省回頭關注過去的時間，把目光集中在前面的道路上，沒有什麼比你現在看見的世界更重要，也沒有什麼比現在的世界更應該引起你的好奇。

# 1 對世界充滿好奇

很多事情原本可以做得更出色，但是你必須讓過去的都過去，而不是老盯著昨天。

——史帝夫・賈伯斯

回首並不是一件愉快、有意義的事情。曾經的快樂或不快樂，不會讓你的今天有任何改變，就像一年前的一場大雨，不會讓今天的空氣變潮溼一樣。

二〇〇五年，賈伯斯受邀到史丹佛大學對畢業生演講，他提到自己曲折的人生故事。這是賈伯斯和史丹佛學子的真誠交流，也是打動人心的演講。這次的演講，在全球造成轟動，演講內容迅速在世界各大報和網路上流傳。

賈伯斯從自己的成長經歷，娓娓道出他真實感人的人生故事。

他談到自己從創建蘋果，到被董事會解僱，又重回蘋果、拯救蘋果，充滿「塞翁失馬，焉知非福」的機緣；他還從「罹患癌症」中感悟出對「接近死亡」的深刻體認。

這些都是發生在賈伯斯身上的事情。真實的力量無比巨大，賈伯斯的經歷，震撼、感動了在

場的人，他談到的事情也充分論證了「滴水成海」的道理與智慧。

賈伯斯在演講中告訴學子們，最應該做的是對世界充滿好奇心，無論何時，都應該保持積極向上的態度，對生命要好奇，對世界也要好奇。

我們在讚美生命時常說，像新生兒一樣的生命最美好，沒有任何雜質，擁有對世界、資訊和知識的渴望。如今賈伯斯老了、生病了、走了，但他永遠具有非常人能理解的堅強和勇氣。直到生命即將終結，仍抱著像新生兒的心態來審視世界，對世界充滿好奇。

賈伯斯在演講中說：

「此刻的新一代是你們，不久的將來，你們也會變老，被送出人生的舞臺。很抱歉講這麼誇張，但這是實話。你們的時間有限，不要浪費時間活在別人的生活裡；不要被教條困住，活在別人思考的模式裡；不要讓他人意見的雜音，淹沒了自己的心聲。最重要的，要有勇氣去追隨自己的內心和直覺，它們可能已經知道，你真正想成爲一個什麼樣的人。其他的都是次要。

「我年輕時，有本很棒的刊物叫《The Whole Earth Catalog》（《全球目錄》），是我這一代的聖經。創辦人是史都華．布蘭德（Stewart Brand），他把這本雜誌辦得充滿詩意。

「當時是一九七〇年代中期，我正是你們現在這個年紀的時候。這本雜誌最後一期的封底，有張清晨鄉間小路的照片，是那種如果你喜歡搭便車冒險旅行，可能會在那裡碰到的路。照片下面有一段話：求知若飢，虛心若愚（Stay Hungry, Stay Foolish）。是他們親筆寫下的臨別贈言。

「求知若飢，虛心若愚。我一直以此自許。現在，你們要畢業了，在展開人生新生活之際，我也以此期許你們。」

的確，賈伯斯這麼多年來一直將這句話當作座右銘，他認爲，「求知若飢，虛心若愚」才能對世界保有好奇之心，才能有創意。

任何人都應該保有像新生兒般的精神面貌和好奇心，這就像一塊有力的磁鐵、像鮮花吸引蝴蝶一樣，把他人的目光和成功，都吸引到自己的身邊來。

## 2 期待你的好戲

不要扼殺你的執著，接受它、享受它，用它來彰顯你的與眾不同。要隨心飛翔，不要隨波逐流，這就是一場好戲的開始。

——史帝夫．賈伯斯

人們都希望所作所爲能夠得到他人的肯定，這讓他們感覺到自我價值，也是工作給予人的最大精神力量，可以讓他們意識到自己和社會的關係。你也需要憑工作來展現自己的社會價值。

賈伯斯也不例外，他希望獲得被重視、被認同，希望自己的表現能得到人們的肯定。

一九八三到一九九六年，莎倫．阿比任職於蘋果公司，有三年人資主管的經歷。她在一次私人訪談中談到蘋果應徵人才的方式：

「我們想要的，不是那種一心指望退休時能發大財的人。我們需要創業家、可以證明自己價值的強者（甚至剛出校門，在大學表現優異的學生），還有內心充滿能量、甘於奉獻的人。他們把過去工作中的貢獻大小，看得比職位高低重要得多。

「我們不只從一個行業中挖掘人才，還引進一批來自各行各業的人，我們相信，聰明才智遍布於社會各角落。我們看重的最主要特徵是上進心。

「我們一直尋找對創造新事物保持興奮的人。身爲負責徵人的單位，我們會堅守這些理念，不放棄。有些經理希望儘快找人來塡補空缺，早日啓動計畫，但如果需要花六個月才能找到最合適的人，我會頂住壓力，告訴他們：『必須等待。』

「我們得找對創新熱情十足的人。我們的座右銘是：期待你的好戲！」

每個人最應該期待的是自己的好戲，做最棒的自己。

人在成長初期，都有著強烈的情感依賴，渴望得到來自父母、老師和朋友的肯定，在不知不覺中，把自己的一切行爲逐漸納入外界的評價中，逐漸失去自我，或有意識的壓抑自我，和旁邊的人做橫向比較。又在比較中，發現很多人在許多方面都比自己強，自信就在這日復一日的比較中慢慢喪失，對自己的負面評價就會漸漸增多。

常言道：「人外有人，天外有天。」每個人都有自己的優勢與弱點，即使天才也無法在各方面都超越他人。所以與其和人做比較，倒不如多做自我的比較，這種比較常會帶給我們喜悅。

也許和旁邊的人相比，我們並不出色，但是對自己的期待多一點，每天都多一點的進步，豈不也値得肯定？

一八八八年，巴黎科學院舉辦科學論文有獎徵文活動，規定除了提交科學論文外，作者還要

提供一條人生格言。

我國女數學家索菲亞·柯瓦列夫斯卡亞榮獲一等獎，她的格言被人傳誦：「說你知道的話，做你應做的事，做你想做的人，剩下來要做的就是，期待自己的好戲。」

做你想做的人，就要嚴格要求自己，就要做好遠行的準備，就要懂得隱忍，就要心態平和，就要把握自我。自己決定一切，做你想做的人，就是成功的基礎。你想成爲什麼樣的人，就用什麼樣的要求來要求自己，不以小事而不爲，不以煩瑣而不爲，既然想做，就一定要堅持。

想要實現自我價値，就要有目標，要持續不懈。在自己的內心撒上健康的種子，不能讓消極的心態生根發芽，遇到挫折、阻力都要堅持下去，讓目標積極、健康的茁壯成長，這樣你才有機會期待自己的好戲出場。

# 3 成為你想做的人

什麼是幸福？就是成為你想做的那種人。

——史帝夫．賈伯斯

我在世界華人演說家俱樂部的核心品牌課程「總裁演說智慧」中分享到：成功是人生追逐的目標，而幸福是生命的歸宿。

愚蠢的人生態度，是爲別人而活，凡事遵從別人的標準。或許你會在這條別人鋪設好的道路上獲得成功，但你不會快樂，因爲你缺少了成功過程最值得驕傲的東西，那就是思想。

幸福，就是成爲你想要的，就這麼簡單。

你不必爲了人生的選擇而惶恐，爲生命的意義而苦思，做你想要做的事，成爲你想要成爲的人，讓你的思想和內心情感來引導行動，而不是成爲他人眼中的成功者。爲自己而活，是生命的根本。你有充足的理由和條件，成爲你想要的，爲了這個目標而努力。賈伯斯以人爲出發，來研發產品，他不妥協勉強過得去的產品。

iPhone設計之初，賈伯斯對自己的技術團隊說：「如果你能設計出一款小玩意兒，雅致得讓成年人愛不釋手，又簡單得讓小孩子都會用，這就有點意思了。」

蘋果眞的做到了。二〇一〇年，iPad問世不久，托德．拉平把iPad拿給他兩歲半的女兒玩，並錄下一段影片在YouTube上發表。這段影片在網路上迅速傳開，造成轟動，也爲創新產品的設計上演了生動的一課。很快的，小女孩已玩得得心應手。用手指控制物體是本能，小女孩開始在平板上滑動上面的圖案，點中電影的圖案，還會放大螢幕。拉平的女兒喜歡玩他的iPhone，因此她對觸控螢幕已有經驗，但這畢竟是她第一次接觸新設備，這種駕馭能力令人驚嘆。

這就是賈伯斯，他從不妥協市場，只按照他想要的方向，去做自己要做的事情。賈伯斯的設計是這樣，人生也是這樣。你應該要有賈伯斯的這種態度，去追求屬於自己的幸福，一定要擁有自己想要的那種人生。

當然，人生的每個階段都可能會面臨選擇，你做出什麼樣的選擇，就會有什麼樣的生活。無論做什麼，在不違背倫理、法律的前提下，尊重自己的內心，不要被表面現象所蒙蔽，否則就只會看到眼前，失去了美好的未來。

你要有一種激情的態度，才能夠享受生活。賈伯斯之所以成功，因爲他對生活、工作都賦予極大的激情，他懂得用激情去追求自己想要的人生。

成爲你想做的那種人，是每個人都要學習的，也是賈伯斯要告訴你的。

# 4 打破眼前的規則

今天的蘋果是以創意為生，取勝的關鍵已不僅限在技術方面。

——史帝夫．賈伯斯

現今是一個強調創意的時代，而資訊化的高度發展，讓周遭的一切千篇一律，沒有新鮮感。大家都希望有更能代表人類新思維的東西出現，讓生活更有亮點。要實現這一切，創意最重要。

賈伯斯強調，創意是科技公司最大的生命之源。沒有人會對複製品有太大的興趣，只有拿出與眾不同、具有實質意義的東西，才能吸引人們的目光。創意無限，不管是蘋果還是其他公司，保護自身的創意才能得到廣闊的發展空間。

曾任「蘋果零售掌門」的羅恩．約翰遜（**Ron Johnson**）說：「當我們在腦海中想像蘋果的模式時，我們說它一定會像蘋果一樣，讓人放鬆，爲生活添加色彩。讓生活充滿色彩，正是蘋果三十多年來，一直不斷努力的。」

蘋果零售店中沒有收銀員，在那裡工作的人是專家、是創新人才，甚至是天才，就是沒有收

銀員。蘋果零售店中也沒有售貨員，他們是諮詢師、是服務人員、是專家、是私人導購，就是沒有售貨員。

儘管沒有專職銷售人員，但蘋果店面每平方英尺的年營收，遠高於其他知名品牌。據統計，二〇一一年，每季光顧全球三百二十六家蘋果零售店的人次，比二〇一〇年一整年，進入迪士尼四大主題樂園的六千萬人次還多。蘋果零售店的每平方英尺年收入，已達到四千四百美元，而蒂芬妮珠寶（Tiffany）是三千美元。

二〇一二年，蘋果在全球有三百六十三間實體店面，每年總計創造一百八十億美元的營收，平均每家店每年的營收爲四千九百萬美元。

蘋果的實體店面成了全美國最賺錢的零售店，平均每平方英尺創造的營收也是全美最高，而且是排名第二的蒂芬妮的兩倍之多。

透過走與眾不同的路線，蘋果已經成爲世界上最賺錢的零售商。

「一直以來，大家都不願意對一家店面投入如此多的時間、金錢或技術。」賈伯斯在二〇〇七年接受《財富》雜誌訪問時說，「顧客是否了解這一切並不重要，他們的感受說明了一切，他們能感到這地方和別處不一樣。」

二〇〇一年五月，蘋果第一家零售店在維吉尼亞州泰森角（Tysons Corner）購物中心開張，不到五年，年營收就達到了十億美元，現在一個聖誕旺季，就能爲蘋果帶來十億美元的營收。

二〇一二年一月到三月，蘋果零售店的營收達到四十四億美元、有八千五百萬人去過蘋果零售店，超過二〇一〇年美國職棒大聯盟的觀眾總人數（七千三百萬人次）。自開店以來至今，已有超過十億人去過蘋果零售店。這些神奇數字，是歷史上其他零售商所望塵莫及的。

蘋果的投資人、員工和用戶，都應該感謝賈伯斯，是他拒絕聽取像戴維．戈爾茲坦這樣的零售諮詢師的建議。

戴維．戈爾茲坦說，蘋果必將在零售業務上栽跟頭。他預言：「你看吧！不出兩年，他們會因這個慘痛代價高昂的失敗而關門大吉。」

現在，你知道賈伯斯爲什麼不請諮詢師了吧！

這些持懷疑態度的人，錯誤的斷定蘋果零售店的前景，他們只知撥弄算盤，沒有考慮到，蘋果並非爲了開店而開店，他們從事的是創造體驗的事業。

戈爾茲坦錯在用其他PC零售商來衡量蘋果，比如：他研究其他PC零售業的毛利後，得出的結論是，蘋果必須達到每年一千兩百萬美元的營收，才足夠支付場地成本。他所引述的證據，是捷威電腦（Gateway）一年也只能有八百萬美元的單店銷售額。

戈爾茲坦用的是紙上談兵的傳統分析方法。要知道，賈伯斯從不循規蹈矩，從不低估在傳統報表中，無法展現的激情購物體驗的巨大力量。賈伯斯在零售店中所做的創新，顯示出他比競爭對手更有遠見和洞察力。在蘋果零售店中，顧客會爲了購物而來，滿懷激動而去。

墨守成規，因循守舊的建設，是永遠跟不上時代的發展。如果想像賈伯斯一樣，當個引領時代的成功者，就要克服故步自封的思維，敢於否認自己，形成有利於自主創新的機制，才能不斷的進步，超越一切困難。

第 11 條

# 成功，就這麼簡單

我們必須對自己的工作懷抱熱情，這很重要，因為少了熱情，可能會喪失信心。如果對自己的工作缺乏全力以赴的熱情，可能就會失去鬥志，最後放棄。賈伯斯說：「你早晚會選擇放棄，所以你一定要對某個想法、某個問題或某個你想糾正的錯誤，懷抱無比的熱情，否則根本沒辦法堅持下去。我認為成功的條件就在這裡。」這就是我們要做一個偏執狂的原因。

# 1 常位思考與易位思考

如果不考慮錢的問題，你會怎麼做？

——史帝夫．賈伯斯

思考會給你帶來很多出其不意的東西，無論是在人生道路上，還是在工作事業上。

賈伯斯的創意總是讓人拍案叫絕，他不用常規的思維方式，在討論產品時會提出諸多假設，並從中挖出讓他感到振奮的東西。

討論產品時，賈伯斯會將他認爲不重要的因素拋開，抓住他感興趣的東西。他讓設計師拋開成本，只追求產品的完美效果。顯然這樣的方式很有效，賈伯斯也從中找到很多靈感。

有時不妨學習賈伯斯，拋開雜亂的思緒，只追求最重要的想法，擺脫不必要的束縛，眞正隨著自己的想法去做。

思考本身即是一種質疑的態度，創意家隨時可以從質疑中找到樂趣。研究人員發現，成功的創意家會花許多時間思考如何改變世界。也就是說，他們在胡思亂想時，常會提出像是「如果我

們這麼做會發生什麼事」等問題。

許多創業者在他們獲得激動人心的突破時，會記得那些曾經自問自答的問題。邁克．戴爾告訴研究人員，他創立戴爾電腦的念頭蹦出來之前，曾經問自己：「為什麼一臺電腦的價格，是所有零件價格之和的五倍之多？」

想提出好的問題，研究人員建議按照「為什麼」、「為什麼不」和「如果……怎麼樣」，這三種疑問詞來展開思考。他們發現，大多中階經理一心琢磨對現狀做小小的改善，並非澈底推倒重來。「如何」這種疑問詞引導的問題，可能帶來較小的改善；而「為什麼」和「如果……怎麼樣」這種問題，則會指向更激進的回答。

如果沒有賈伯斯那令人印象深刻的問題，iPad也許不會誕生。假如他拋給團隊的問題是「我們怎樣為iPhone設計一個更好的電子書閱讀器」，這個新奇的產品就不會出現在我們的交談中。

賈伯斯提出的問題是：「在筆記型電腦和智慧手機之間，是否還容得下另一種產品？如果我們來製造一個怎麼樣？」「如果……怎麼樣」這句話，激起了一場討論：這個兩者之間的產品，在瀏覽網頁、欣賞分享照片、閱讀電子書等關鍵應用上，必須勝過兩者。這些問題的直接結果，是蘋果自iPhone之後，最有創意的產品問世了。這個神器iPad未來很可能在出版業、娛樂業和傳播業，掀起革命性的風暴。

一九九六年，賈伯斯接受《連線》（Wired）雜誌訪問時說：「佛教中有一句話，叫『不忘

初心』。擁有初學者的心態是件了不起的事情。」保有初心容易打破現狀，因爲可以隨心所欲提出「爲什麼」和「如果……怎麼樣」的問題。它將爲你打開了心門，迎接生活中的各種可能。

當然，只有思考是不行的，面對同一個問題，更需要換個角度想，結果可能截然不同。諸事不順時，不妨換另一個角度，尋找事物的光明面，也許一切都會迎刃而解。

在日常生活中，常會遇到需要「換個角度看問題」的時候。考試成績不理想，不要氣餒、不要放棄，多和過去的成績相比，看自己的進步，堅定必勝的信心；和同伴吵架時，不要總是想著自己有理，要以寬容的心態自省；父母嘮叨時，不要覺得反感，要從中看到他們無私的愛。

有位裁縫吸菸時，不小心將一塊高級布料燒出一個洞，他沒有因此覺得懊惱，而是在燒出的洞上做剪裁。他憑著高超的縫紉技藝，別出心裁的縫出一條鑲有美麗花邊的裙子，不但消解了損失，裙子還賣出好價錢；由於設計的款式新穎，他的生意也一天比一天好了起來。

假如裁縫把燒出洞的高級布料，當廢料扔掉，那丟掉的不只是一條款式新穎的裙子，還是一個誘人的商機，更是失去了寶貴的創新精神。

很多人常感到茫然無助，怨天尤人，主要是站在自己的角度來思考問題，用自己所處的社會地位、利害關係去看待大千世界；想問題的角度單一，就只能認識事物的某方面，很難做到從容不迫。換個角度看風景，是一種豁達，是一種睿智，更是一種樂趣。換個角度思考問題，成功就簡單多了。

## 2 專注事情的每個細節

人們以為「專注」的意思，就是對你必須關注的事情點頭稱是。這並不是專注的真正內涵。專注意味著必須對另外一百個好點子說不。

——史帝夫．賈伯斯

狼在捕食獵物時，會把精力集中在獵物上，死咬獵物不放。

在寒冷的冬天，狼很難尋找到食物。一天，狼群在山上發現一隻犀牛。但是犀牛是很強大的動物，身體比狼大好幾倍，狼想捕獲犀牛，難度可想而知。狼群並沒有放棄，牠們知道，這隻龐然大物是牠們活下去的希望。

狼群開始注意這隻犀牛的動向，連續幾天後，終於發現了犀牛的致命弱點——視力不好。狼群利用這個弱點，將犀牛變成了口中之物，解決了牠們已累積多天的飢餓。

如果沒有目標和專注的精神，狼群不可能發現犀牛的弱點，更難戰勝比自己大數倍的犀牛，說不定還會死於犀牛腳下；或早已放棄犀牛，只好在寒冬中等待死亡降臨。

專注是百戰百勝的先決條件。年輕人可以什麼都沒有，但絕不能缺少專注的態度。「志者，欲之使也。欲多則心散，心散則志衰，志衰則思不達。」有鍥而不捨的精神，才能達到目標。

二〇一〇年四月二十一日，耐吉（Nike）總裁兼首席執行長馬克・帕克（Mark Parker），在一場「本色創新」演講中提到，他剛接任耐吉執行長時，賈伯斯曾經打電話給他的事。

「你有什麼建議嗎？」帕克問賈伯斯。

賈伯斯說：「嗯！有個建議。耐吉有些東西是世界上最棒的，是人們夢想擁有的那種絕對漂亮、讓人驚豔的產品。但是你們也製造出一堆破爛產品，趕緊把那些破爛都扔了吧！把重心放在好貨上。」

帕克說：「我之前期待的是來一點沉思，然後哈哈一笑，結果只剩下沉思，卻一點也笑不出來。他說得沒錯，我們必須得調整。」

帕克說的「調整」，不是設計上的詞，而是用在商業決策的語境中。

專注能帶來偉大的設計，也能帶來正確的商業決策。蘋果現任執行長提姆・庫克說：「在商學院學到的傳統管理哲學，是將產品多元化，以分散風險。蘋果代表了反學院派的理念，將資源集中在幾種產品上，致力於將它們打造成出類拔萃的典範。」

二〇〇八年，賈伯斯對《財富》雜誌的記者說：「蘋果是一家價值三百億美元的公司，但我們的主要產品不到三十種。我不知道這種事情過去有沒有發生過。毫無疑問，過去那些了不起的

電氣公司，都擁有數以千計的產品，我們相比之下要專注得多了。人們以為專注的意思，就是對你必須關注的事情點頭稱是。其實根本不是這樣。專注意味著必須對另外一百個好點子說不。你必須謹慎的做出選擇。對那些我們做過的事情，和那些我們沒有做的事情，我都同樣引以為傲。

「有一個再貼切不過的例子：很多年以來，我們迫切的需要做出一款PDA產品。有一天，我意識到，百分之九十的PDA用戶，只是在外面時用它來獲取信息，但不會把資訊放進去。不久，手機很快就實現了這樣的功能，於是PDA的市場就萎縮到了今天的情形。

「所以我們決定不進入這個領域。如果我們選擇了跟進，我們就沒有資源來開發iPod了。我們基本上會連它的影子都見不著。」

蘋果第二任執行長邁克．馬庫拉（Mike Markkula），給蘋果員工發過一份備忘錄，概述他的投資策略。其中談到專注的重要性，寫道：「想要把已經決定做的事情做好，我們必須摒棄那些次要的機會，從好機會中，挑出我們有資源能做得很出色的，然後全心的投入。」

如果一個人能把時間、精力和智慧，凝聚到要做的事情上，發揮出最大的積極性、主動性和創造性，就很有可能實現目標。所謂「繩鋸木斷」、「水滴石穿」，就是這個意思。

任何事都需要專注的精神。一旦選定了一項事業、一份職業，就要全心投入，做到思之、想之，把它弄懂弄透，盡最大的努力，運用全部資源和力量，做到最好。擁有這種十年磨一劍、持之以恆的精神，才有可能在有生之年成就一番事業，實現自己的理想和價值。

# 3 做你最擅長的事

我們做事情時應當有關注的焦點，只做自己擅長的事情。

——史帝夫．賈伯斯

現今人心越來越浮躁，很多人都渴望成功，但成功的意義到底是什麼？是擁有像賈伯斯一樣的金錢嗎？不是。成功的真正意義，是你有沒有做自己最擅長的事情。

很多人賺了很多錢，卻不知道這些錢給自己帶來了什麼，因此擁有再多的錢都無法快樂，擁有再大的成就也不覺得幸福。

原因很簡單，如果你沒有做自己擅長的事情，只是盲從，你獲得真正成功的可能性，會非常渺小。當然，你也許會成功，會賺很多錢，但過程並不快樂，你終究不明白自己一直在做什麼。如果這樣，人生還有什麼意思？

做事情最好能發揮自己的優點，避開自己的缺點，整合所擁有的資源與優勢，利用好它們，千萬不可冒冒失失，一頭栽進不熟悉的領域。謹記賈伯斯說的話：「只做自己擅長的事情。」

沒有人不希望自己能擁有卓越的人生，但前提是，你有沒有卓越的特質。賈伯斯談到蘋果的團隊及人才觀時說：「我過去常認爲，一位出色的人才能頂兩名平庸的員工，現在我認爲能頂五十名。」

賈伯斯把應徵人才當作重要的事情，他大約把四分之一的時間用於招募人才上。他招募員工主要考察，員工是否具有堅定信念和卓越的特質。蘋果公司需要有創意的人才，所有研發人員必須熱愛，並傳承蘋果的海盜文化，他們是全美軟體業的精英。

蘋果公司的成員在期盼一項新產品問世時，會把這項產品看得比生命更重要。他們把研發出讓人們喜歡的產品，當作自己工作的最好禮物，因爲他們對生命有一致的看法，產品最終的成果就是對生命最好的回饋。

李開復曾在蘋果互動式多媒體部門擔任副總裁，他對在蘋果工作的印象十分深刻。他二十八歲加入蘋果，同事大多是年輕人，有些人比李開復還小。

李開復描述他眼中的這批人：「在MacIII研發小組裡，我知道我遇到了眞正的牛人，比如：菲利普．米勒（Philip Miller），他後來發明著名軟體Lotus 1-2-3；菲爾．高德曼（Phil Goldman），他創造出Wet-TV（一九九七年，這家公司以四百二十五億美元賣給微軟）；安迪．魯賓（Andy Rubin），他是谷歌手機Android之父。」

當然，這個追求卓越的強大團隊，離不開賈伯斯這個優秀的操盤手。卓越的企業需要卓越的

團隊，卓越的團隊需要卓越的個人組成。有能力勝任工作的人很多，能用最高要求約束自己的人很少。

社會上需要的正是這類人。有卓越特質的人，希望把工作做到最好。所以在你選擇工作前，儘量選擇自己最擅長的事情。因爲做自己最擅長的事，才能將事情做好，讓你離成功更近。

如果將賈伯斯放到其他行業，他可能只是一個庸才。就像將魚放到陸地上，牠會因爲無法呼吸而死去一樣。可見，脫離自己最擅長的領域，較難取得卓越的表現。

做你眞正擅長的事情，關注值得你關注的焦點。要知道，你的工作是爲了自己不是他人，做你不擅長的事情，對你和企業都沒有任何好處。你能做的、要做的，就是在自己擅長的領域，開拓出一片明媚的天空。

# 4 做一個偏執狂

你早晚會選擇放棄，除非懷抱很大的熱情，否則你是撐不下去的。

——史帝夫・賈伯斯

我們必須對自己的工作懷抱熱情，這很重要，因爲少了熱情，可能會喪失信心。如果對自己的工作缺乏全力以赴的熱情，可能就會失去鬥志，最後放棄。

賈伯斯說：「你早晚會選擇放棄，所以你一定要對某個想法、某個問題或某個你想糾正的錯誤，懷抱無比的熱情，否則根本沒辦法堅持下去。我認爲成功的條件就在這裡。」這就是我們要做一個偏執狂的原因。

賈伯斯是典型的偏執狂，無論是對事情還是對人，或自己喜歡的東西，他都充滿了無法形容的偏執。

**iPhone**推出時，是手機市場的後來者，當時智慧型手機市場，已被諾基亞、惠普（**Palm**）、微軟（**Windows Phone**）、索尼（愛立信）、黑莓等大公司占據。**iPad**發表時，蘋果的身分是成

功者。

有人對iPad提出批評：沒有Flash功能、沒有多項任務處理，也沒有攝影機，認爲iPad不倫不類，只是一個大尺寸的iPhone或iPod Touch。這些都沒有影響賈伯斯：「當用戶感受到iPad帶來的沉浸式體驗，感受到可以多麼直接與之互動後，他們只能用『神奇』來描述它。」

時間再次證明賈伯斯所堅信的沒錯，蘋果公司發表聲明稱，iPad在推出二十八天裡，已賣出一百萬臺，「僅相當於iPhone達到這一里程碑，所需七十四天時間的三分之一」，而且「需求量繼續超過供應量」。

截至二〇一〇年四月九日，iPad在上市一週內，共售出四十五萬臺，用戶下載iBooks 六十萬次、iPad程式三百五十萬個；百思買上三十萬臺iPad已全脫售，第二批預訂用戶，要等到十二月才能拿到產品。這印證了賈伯斯的話：他將改變世界。

「我們從不做市場調研，也不招顧問。這十年來，我唯一僱過的顧問服務，是分析捷威電腦公司（Gateway）的零售策略，以便蘋果公司模仿捷威的零售店概念，等推出蘋果零售店時，不會重蹈捷威的覆轍。從本質上說，我們只想做出偉大的產品。我們之所以去做iTunes，是因爲我們都熱愛音樂，覺得能以電子方式購得音樂很了不起，而不是計畫去重新定義音樂產業。我的意思是，音樂發行逐步電子化的趨勢，簡直已白底黑字的寫在那兒，這再明白不過，我們憑什麼要多花錢？音樂行業的油水夠肥了，如果你可以簡單的透過電子進行傳播，爲什麼還要多花那些冤

枉錢呢？」

他說：「我相信憑著這個美麗的新觸摸螢幕，蘋果將改變便攜電腦的設計理念，對筆記型電腦的地位形成挑戰。**iPad**可能改變行動裝置領域的格局，挑戰筆記型在移動電腦領域的王位。」

對這一個改變了三個工業（電腦、電影、影音娛樂）的人來說，賈伯斯是大師，是英雄。也許這算不上「有史以來最偉大的故事」，但依然可算是一部跌宕起伏，並獲得圓滿結局的劇本。

人不會一輩子都一帆風順，失敗就像惡性腫瘤一樣，會不斷的惡化、擴散。萎靡頹喪的人，被些許的失敗打昏了頭，不再相信自己，認爲自己注定失敗，這種自暴自棄的念頭，使他們永無出頭之日。在他們的腦中，失敗的陰影籠罩一切，他們成功的信念和勇氣，早就煙消雲散，只希望像螻蟻般生存。

賈伯斯重返蘋果不久，和比爾・蓋茲見面，他認眞的對比爾・蓋茲說：「比爾，我們共同控制了百分之百的桌面系統。」驕傲的比爾・蓋茲對此抱以沉默。蘋果從創辦至今，賈伯斯一直不願將蘋果和微軟、英特爾控制的標準完全兼容，這並不表示他們平分了市場。後來居上的微軟，控制了全球百分之九十七的電腦操作系統，蘋果只擁有剩下的百分之三。任誰都會說，是比爾・蓋茲壟斷了整個產業。

但在那次看似不平等的談判後，比爾・蓋茲私下告訴朋友，他一直怕賈伯斯的那種光芒。他深深的感嘆道：「這傢伙太可怕了。」

這就是賈伯斯，狂妄、頑固、專制、偏執，但他的信念永遠無法被打敗，他會不惜一切來實現，並讓每一個他能影響的人認同他。這是他創辦蘋果後，能迅速成爲億萬富翁的原因，也是他在一次次慘敗後，能重新崛起的原因！他就是一個十足的偏執狂。

# 5 永不放棄就是成功

狄倫、畢卡索和牛頓等偉大藝術家，都曾甘冒失敗的風險。如果我們想要成就大事，也必須冒險。

——史帝夫．賈伯斯

一個人的品性是多年行爲習慣的累積。行爲重複多次，就會不由自主，自然而然，成了順理成章，久而久之，便形成品性。可見，一個人的品性，受其思維習慣、成長經歷的影響，在人生中可以做出不同的努力，做出善或惡的選擇，最終決定了其未來個性的好壞。

勤奮、敬業不全是因物質的刺激，對金錢的刺激是一種本能反應，是個人追求最淺的層次，更高層次則是一種自覺執行的精神、一種對事業更深層的理解。

許多年輕人剛踏入社會就缺乏責任心，以善於投機取巧爲榮；老闆一轉身就懈怠，沒有監督就不工作；不思進取，以各種藉口來遮掩自己缺乏責任心。不論老闆是否在辦公室，都會盡心盡力完成工作的人，他們不會被解僱，在任何地方都會受到歡迎，社會就需要這樣的人。

「如果自己當老闆，我會更努力」的論調，是自欺欺人，是爲自己的懶散、不負責找理由。賈伯斯說：「有些年輕人一上班就一直抱怨：『眞沒意思，待在這裡工作眞沒意思。』奇怪了，既然沒意思，爲什麼不辭職呢？這就是沒有敬業精神。」事實上，這是放棄的另一種表達方式，並非只有失敗了，然後不繼續叫放棄，懶散與敷衍也是放棄的表現，說明此人缺乏挑戰的精神。

賈伯斯是喜歡挑戰新領域的高手，新領域對勇敢的挑戰者來說，不是無限恐懼，而是無限希望。賈伯斯除了電子領域，他還挑戰全新的娛樂領域。

一九九一年五月，皮克斯和迪士尼簽約，在合作期間，由皮克斯製作、迪士尼發行的六部動畫電影，每一部都橫掃美國和全球票房，爲迪士尼、皮克斯帶來財富和多個獎項。第一部由電腦製作的3D動畫片《玩具總動員》，更讓賈伯斯名聲大噪。

二〇〇五年十月，迪士尼新任執行長羅伯特．艾格上任，宣稱復興迪士尼的動畫實力，是他的首要任務，於是開始與皮克斯進行積極的接觸。

這時傳出賈伯斯準備將皮克斯出售的消息，頓時出現了迪士尼將收購皮克斯的傳言。當時很多評論家認爲，迪士尼收購皮克斯的可能性幾乎零。

二〇〇六年一月，迪士尼正式對外宣布，將收購皮克斯；五月五日，經兩家公司的股東批准，協議正式生效，皮克斯正式成爲迪士尼的全資子公司，兩家公司終於再續前緣。

隨著收購，賈伯斯以獨立董事的身分，進入迪士尼董事會，成爲迪士尼的大股東。

賈伯斯把電影事業和老本行成功的結合。二〇〇八年五月初，他宣布和二十世紀福斯、華德迪士尼影業公司、華納兄弟、派拉蒙影業公司、環球影業家庭娛樂和索尼影業娛樂等公司，簽訂合作協議，這表示在類似《鋼鐵人》發行DVD當天，蘋果用戶就可以透過iTunes網站下載。

當然，這些下載的影片只能在蘋果產品上播放。電影業無法拒絕蘋果的提案，儘管他們並不十分情願，但賈伯斯能讓他們從龐大的視訊文件中獲得財源。

要知道，iPod只花了三年時間，就從普通的播放器成為一種生活方式，甚至是文化象徵，成功占領了人們的口袋和耳朵，至今長達五年。也有消息說，蘋果正在研發一款類似蘋果電腦的新產品，可以和電視、家庭娛樂系統連接播放錄影，可以透過iTunes軟體下載音樂和電視節目。不管是新力電視、松下DVD錄放機、微軟的機頂盒，還是其他音響設備，都可能面臨威脅。

人的一生會面臨很多挑戰，我們是否經常問自己：「如果去嘗試了全新、沒做過的事物，結果將會是什麼樣？會成功嗎？」

這種想法本身就是和成功作對的一個「敵人」。這個成功的敵人總是讓我們去想：「如果我失敗了，怎麼辦？後果將會是怎麼樣？」這種想法會讓我們放棄努力。

勇於接受挑戰，才能擁有成功和希望。抓住機遇，勇敢迎接挑戰吧！人生就是這樣，機遇與運氣，不是天天都有，它們會在適當時機出現在你身邊，就看你能不能察覺，敢不敢繼續下去。

成功的方法很簡單，永不放棄而已。

第 12 條

# 拒絕做獨孤俠客

一滴水，無法長時間存在，如果融入大海，就可以創造奇蹟，和大海一起掀起滔天巨浪。由此可知，合作，是生存的根本。無論是個人還是團隊，忽視合作的價值、缺乏合作的精神，無異於是自掘墳墓。如果沒有人幫忙，你也不可能將事情做到完美。

# 1 天才也需要幫手

皮克斯只有四百五十個員工，但它是人才聚集最多的公司。

——史帝夫・賈伯斯

人脈很重要。人在世界上可以沒有錢，但一定要有人脈。做任何事情都需要朋友的幫襯，這時的朋友就不只是朋友，也是合作夥伴，因此必須眞誠的對待。

決定公司發展的不是它的規模，而是它眞正擁有多少可用的人才。員工的多少，決定公司能做多少事；人才的多少，決定公司能做成多少事。賈伯斯堅信，優秀人才對企業的重要性，就像零件的優劣決定一部機器的好壞。企業需要更多的人才，才能更流暢的運轉，甚至決定企業有怎樣的成績。總而言之，企業是由人組成，人才是企業的核心。賈伯斯把「人才第一」視爲企業發展的核心，這造就了皮克斯的輝煌。

說起蘋果的創立，賈伯斯總是說：「我得感謝我的老朋友沃茲，他簡直是天才，是他讓我發現我在技術上還差得很遠。」

的確，如果沒有沃茲的幫助，賈伯斯想在電子產業上有所成，幾乎不可能。沃茲天生就是電子奇才，他和賈伯斯都熱衷於電子產品，兩個人越走越近，沃茲發明的「藍色盒子」，給了賈伯斯創建一家電腦公司的想法。賈伯斯在迷茫一段時間後，重新聯繫上沃茲，賈伯斯知道，他想開公司，絕對離不開沃茲這個天才。

世界上最高大的植物，是有「世界爺」之稱的北美巨杉，最高可達一百五十六公尺。通常，越高大的植物，根扎得越深。根扎不深的高大植物很脆弱，只要一陣大風，就會被連根拔起。然而，儘管巨杉的根是淺淺的浮在地表，卻生長得很好。爲什麼？

巨杉並不是獨立生長，而是一片片長成杉林。巨杉林的根彼此緊密相連，一株連著一株，不管多大的颶風，也無法撼動幾千株根部緊密相連的杉林。

人的力量有限，成功僅靠個人的力量是不夠的，但如果依靠團隊，力量將會變得強大。

在非洲大草原上，三隻瘦弱的土狼正和一隻高大的斑馬，進行一場生死搏鬥。乍看，讓人擔心三隻弱小的土狼不是斑馬的對手；但仔細看發現：一隻土狼咬住斑馬的尾巴，任憑斑馬如何甩動都死咬不放；一隻土狼咬住斑馬的耳朵，任憑斑馬如何搖頭絕不鬆口；一隻較強壯的土狼咬住斑馬的一條腿，任憑斑馬如何踢都不敢鬆懈。沒多久，在三隻土狼的齊心攻擊下，龐大的斑馬終於體力不支，癱倒在地，成爲三隻土狼的盤中飧。

無論是人、動物，還是植物，甚至是水，面對群體和個體的問題時，都是如此。

釋迦牟尼問他的弟子：「一滴水怎樣才能不乾涸？」

弟子們都回答不出來。

釋迦牟尼說：「把它放到江、河、湖、海裡去。」

一滴水，無法長時間存在，如果融入大海，就可以創造出奇蹟，和大海一起掀滔天巨浪。由此可知，合作，是生存的根本。無論是個人還是團隊，忽視合作的價值、缺乏合作的精神，無異於是自掘墳墓。如果沒有人幫忙，你也不可能將事情做到完美。

現在的企業越來越重視團隊，當其中某個人會拖累團隊時，最後只好忍痛割愛。團隊中的人必須意識到自己是其中一分子，必須意識到其他成員的存在，團隊成員在思想、信息、態度、感情等方面，必須進行頻繁、公開的交流，才能互相了解與信任、互相幫助和愛護，實現共贏。

## 2 大家好，才是真的好

> 一個人在黑暗中走路是寂寞的，只有當很多人在黑暗中手拉手，一起走路的時候才會快樂，才不會害怕。
>
> ——史帝夫．賈伯斯

每年美國NBA球賽結束，都會從各優秀隊伍中挑選出最優秀的球員，組成「夢幻隊」，赴各地比賽，以期製造另一波高潮。但「夢幻隊」總是勝少負多，令球迷們大失所望。爲什麼？因爲他們不是眞正的團隊。

他們雖然都是最頂尖的球員，但平時並不屬同一隊，無法形成團隊默契，而且各球員自恃球技過人，不願和其他人合作，只顧自我表現，才導致勝少負多的局面。

深山裡，三個和尚在一間破舊的小廟相遇。

「這廟爲什麼荒蕪了呢？」不知誰先嘆了口氣提出問題。

甲和尚說：「一定是和尚不虔誠，所以菩薩不靈。」

乙和尚不這麼認爲：「一定是和尚不勤勞，所以廟宇不修。」

丙和尚想了一下說：「一定是和尚對人不恭敬，所以香客不願上門。」

三個和尚爲自己的看法爭論不休，爲了證明自己的看法是對的，他們決定留在寺廟裡，親身力行，看看誰才是繁榮寺廟的關鍵。

於是甲和尚虔敬念佛，不遲延；乙和尚勤勉打掃，讓屋宇煥然一新；丙和尚逢人和氣應對，化緣講經。不久，這座寺廟變得香火鼎盛，香客不絕，又恢復了昔日的昌盛。看到這般榮景，三個和尚都很高興。

「這都是因爲我誠心禮佛，所以菩薩才顯靈。」甲和尚說。

「這都是因爲我每日勤打掃，才能一塵不染，所以應該是我的功勞。」乙和尚說。

「這都是因爲我在外勸說奔走，化緣講經，讓寺廟聲名遠播，所以香客不絕。」丙和尚說。

於是爭吵從此天天上演，廟裡的香客逐漸稀少，盛況逐漸消失。

三個和尚都沒意識到，是他們齊心合力，才使寺廟香火旺盛；這間寺廟的荒廢，既非和尚不誠，也不是和尚不勤，更非和尚不謙，而是和尚不睦。他們不知道，在職責清楚、分工明確的基礎上，相互合作是團隊成員應盡之責。

相互合作是團隊的特徵。沒有成員間的相互合作，就不能算是一個團隊；團隊的績效，必須經由成員間的相互合作來實現。

俗話說：「一個和尚挑水喝，兩個和尚抬水喝，三個和尚沒水喝。」

一首兒歌歌詞：「一隻螞蟻來搬米，搬來搬去搬不起；兩隻螞蟻來搬米，身體晃來又晃去；三隻螞蟻來搬米，輕輕抬進洞子裡。」

一九七六年成立的蘋果電腦公司，發展成可以和IBM同具競爭力的公司，在於它有一個精誠合作的團隊。成立蘋果電腦，賈伯斯有他自己的團隊，團隊雖小，但每個人都能獨當一面。因爲有這樣精悍的團隊，才有第一臺個人電腦的問世，而它的問世，給整個電子產業帶來了巨變。

當時賈伯斯年輕氣盛，對團隊力量的認識還不夠深，也和成員發生爭吵。一九九七年，重回蘋果的賈伯斯成熟多了，也體認到團隊的重要性。他帶領一批充滿活力、有想法、有技術的年輕人，重造蘋果的輝煌。

賈伯斯的團隊是他各種構想的實踐者，他們精誠團結，希望有機會創造出了不起的產品，把他們的名字和創造的電腦連在一起。他們相信賈伯斯，希望在工作中做出偉大的成績。

蘋果公司的設計師的薪水比其他同業高出一半。設計師在蘋果工作，不僅因爲薪水高，而是他們可以做令自己興奮的事情。薪水和福利是主要的獎勵，他們更在意獲得認同，並從挑戰性的工作中獲得滿足感。

賈伯斯是這個優秀團隊的領導者，他明白自己一個人的成功不叫成功，大家合作才是成功。

他們一起創造完美，從iMac研發開始就被綁在一起，各盡其職，團結合作。iMac背負著蘋果的希望，凝結著員工的汗水，寄託著賈伯斯振興蘋果的夢想，呈現在世人面前。成績是大家的，這就是優秀團隊合作的境界，是個人偉大精神的表現。

# 3 最佳的團隊生存之道

很多公司有非常傑出的工程師和聰明的員工，但從根本上而言，這些公司需要將所有一切集合在一起的「地心引力」，否則你得到的，可能就是漂浮在宇宙中的一個又一個了不起的技術片段，這些技術片段無法組合在一起產生偉大的作品。

——史帝夫．賈伯斯

擁有優秀人才，企業可以創造出價值；擁有出色的團隊，企業可以將這種價值打造成核心。企業核心可以感染團隊成員，進而產生更多的價值。可見，想成功，離不開團隊，賈伯斯也是。

二十一歲的賈伯斯，和沃茲在車庫裡成立蘋果電腦。兩個年輕人拚命工作，十年間，將蘋果擴展成一家員工超過四千人、市價二十億美元的公司。麥金塔電腦推出一年後，賈伯斯被自己的公司解僱了。那一年，他剛滿三十歲。他被解僱的原因，和他的性格有絕對關係。賈伯斯任性、狂傲、不知尊重他人、以自我為中心，是主要關鍵。

賈伯斯的感染力超強，魅力十足。他習慣說服別人，而不是傾聽。在麥金塔電腦成功推向市

場後，蘋果公司整合麥金塔、麗莎的研發組，由賈伯斯擔任負責人。整合當天，兩組人在研發大樓會合，賈伯斯對麗莎研發小組說的第一句話是：「你們是一群笨蛋！」

唐．登曼回憶當天的情景：「我身爲麥金塔研發成員，感到羞愧難當。他發表長篇激情演講時，我仔細觀察麗莎的人，他們眼裡都流露憎恨、憤怒的目光。我認爲這不能責怪他們。」

很快的，麥金塔電腦出現了問題，抱怨聲此起彼伏，賈伯斯依然傲慢，不聽他人的意見。一九八二年初，正是賈伯斯春風得意時，他根本聽不進意見。對電腦的設計，更是我行我素，擅自決定電腦裝配的零件來適應市場需求。邁克．穆瑞比喻說：「賈伯斯所做的市場調查，就是每天早晨看一看鏡子裡的自己。」

高額的開發費用、低迷的銷售態勢，使公司的赤字驚人增長，蘋果陷入了崇尚技術革新的企業文化，忽略了成本和用戶需求。年輕氣盛的賈伯斯堅持己見，最終不可避免的危機來臨了，賈伯斯黯然的離開了「他的蘋果」。

賈伯斯離開蘋果時說：「我的心還會一直在那裡，我跟這家公司的關係就像初戀，我將永遠記得蘋果，就像人們永遠記得初戀情人。」

水能載舟，也能覆舟。自大的人目空一切，以自我爲中心，不把人放在眼裡，一意孤行的結果必然失敗，使自己走向孤立無援的境地，賈伯斯的經歷說明了這一點。

現代科技高度發達，社會分工越來越細，在團隊至上的今日，憑一己之力較難取得大成就。

站在臺上領獎的是一個人，但我們絕不能忽視他背後的團隊成員。沒有團隊成員的支持和幫助，即使天才，成就也十分有限。

兔子坐在洞口打字，狐狸來到牠面前說：「我要吃了你！」兔子說：「等我把這論文寫完也不遲。」狐狸覺得奇怪，問：「你能寫什麼論文？」兔子回答：「我的論文題目是〈兔子爲什麼比狐狸更強大〉。」狐狸說：「這太可笑了，你怎麼可能比我強大？」兔子一本正經的說：「不信，你跟我來，我證明給你看。」兔子把狐狸領進山洞，狐狸再也沒有出來。

兔子繼續在洞口打字，野狼跳到牠的面前說：「我要吃了你！」兔子說：「等我把這論文寫完也不遲。」狼感到奇怪，問：「你能寫什麼論文？」兔子說：「我的論文題目是〈兔子爲什麼比狼更強大〉。」兔子又把狼領進山洞，狼再也沒有出來。

過了一會兒，獅子走出山洞，打著飽嗝說：「你做得不錯，今天我吃到了豐盛的一餐。」

故事中，兔子、獅子是一個雙贏的團隊合作。獅子可以毫不費力的吃到獵物，兔子因爲有獅子的保護而免除危險，可說是「各得其所」。在這裡，缺少任何一方都不會有如此完美的結局。這就是最佳的團隊生存之道。

# 4 不做孤獨的勇士

我的任務就是將整個管理團隊都培養成優秀的繼任者，我確實在嘗試這麼做。

——史帝夫・賈伯斯

一個人能力再強，都離不開團體。有成功潛力的人，會自覺的找到自己的位置、自覺的服從團隊運作，把團隊的成功，視爲發揮個人才能的目標。有成功潛力的人，不是一個自以爲是、好出風頭的孤膽英雄，而是一個充滿合作激情、能克制自我、與同事共創輝煌的人。

有成功潛力的人知道，一旦離開團隊，他將一事無成；有團隊的合作，才可以共創奇蹟。共同志向是團隊精神的靈魂，使成員在團隊的庇護下，發揮各自的強項。如果要確保你的團隊對，充滿創新、激情，對公司兢兢業業，你必須仔細觀察，確認一開始就建立起正確的團隊。

iPod掀起音樂播放器革命，iPhone重新定義智慧型手機概念，iPad成功的加速平板電腦迭代研發。有人說：「蘋果擁有世界一流的研發團隊與管理人才，和他們正面競爭很難成功，最好的方式是差異化競爭。」

過去十年裡，蘋果的每個產品幾乎都具有革命性，他們有優秀的團隊，才有革命性的產品。在充滿挑戰的社會，單打獨鬥已經過去，沒有人或公司能夠擁有所需要的全部資源，並完成所有的事。在企業裡，合作尤爲重要，團隊的合作精神使員工發出同呼吸、共命運的責任感。世界快速發展，同心協力、團隊合作越來越重要。科技與商業高速邁向複雜，供個人發揮的空間越來越有限，合作更是重要。

有人做過實驗：把七、八隻黃蜂，關進一個密封的小木箱，幾天後打開木箱，發現木箱的四壁多出了七、八個小洞。每個洞裡各有一隻死去的黃蜂，小洞最淺的都超過木板厚度的一半；也就是說，只要這些黃蜂在危急關頭團結起來，每一隻在同一個位置輪流鑽上一段，牠們就可以鑽透木箱，化險爲夷，走出絕境。

雁群在空中飛翔，大多排成人字陣或一字斜陣，並定時交換左右位置。生物學家研究得出結論：雁群這種飛行陣勢，是牠們飛得最快、最省力的方式。在飛行中，後面大雁的羽翼能夠藉助前面大雁的羽翼所產生的空氣流動，使飛行省力。一段時間後，互換位置，使另一側的羽翼也能藉助空氣流動緩解疲勞。這就是所謂的「雁陣效應」。

「雁陣效應」帶給人們的啓示：做事情時不要想著做孤獨的勇士，孤獨塑造不了勇士，每個人都要知道團隊的重要性。

第二次世界大戰時，德國柏林東南有一座戰俘營，爲了逃脫納粹的魔爪，二百五十多名戰俘

準備越獄。在納粹的嚴密監控下越獄，必須有嚴謹的計畫才行。他們為此進行明確的分工。

這項工程複雜無比。首先要挖地道，而挖地道和隱藏地道都極困難。戰俘們一起設計地道，動工挖土，拆下床板木條支撐地道。他們處理新鮮泥土的方式令人驚嘆，他們用自製的風箱，讓地道通風，吹乾泥土，製作在坑道中運土的軌道和手推車，在狹窄的坑道鋪上照明電線。

他們所用到的工具和材料之多，令人難以置信：三千張床板、一千兩百五十根木條、二千一百個籃子、七十一張長桌、三千一百八十把刀、六十把鐵鍬、兩百一十二公尺繩子、六百三十八公尺電線，還有許多其他東西，他們絞盡腦汁尋找和拿到這些東西。此外，每個人還需要普通人的衣服、納粹通行證、身分證及地圖、指南針、乾糧等，一切需要用到的東西，擔任此項任務的戰俘，不斷弄來可能有用的東西，其他人則有步驟、不懈的賄賂，甚至訛詐看守。

每個人都有各自的分工：做裁縫、做鐵匠、當扒手、偽造證件。他們日復一日的祕密工作，組織掩護隊，吸引德國哨兵的注意力。他們還成立安全隊，負責安全問題。納粹僱用許多祕密看守，混入戰俘營，專門防止越獄。安全隊的任務就是對付這些人，一有看守接近，馬上悄發信號給其他戰俘、崗哨和工程隊員。

由於眾人的密切合作，花了一年多的時間，他們奇蹟般的躲過納粹的嚴密監視，成功越獄。在這裡，個人英雄主義是無法贏得勝利。

工作如戰鬥，將合作精神發揮到最大值的人，才有希望戴上勝利的桂冠。

# 5 懂得和人分享

幸福是無私的，把自己的幸福送給別人，你就會得到更多的幸福。

——史帝夫·賈伯斯

賈伯斯說：「沒有分享的成功是孤獨的。把快樂和幸福分享，它們就會增加；把痛苦和悲傷分擔，它們就會減少。懂得愛與給予，爲別人的幸福讓路，爲別人的成功鼓掌，才會享受世間的精采。」

有人會擔心和人分享，是成就別人，葬送自己，於是遇到好事就獨自占有。這是一種狹隘的心態，把自己囚在狹隘自私的牢籠裡，無法領略與人分享的感動。如果你忌妒別人的成功，就不會讓人分享你的快樂；如果你算計別人的所得，就不會和人分享你的成果。或許你的一生都在擷取、爭奪，並以此自得，但是你注定無緣在生命的歷程中，感受博大與精采。

人生需要分享，分享天空和大地、分享陽光和月輝、分享空氣和流水、分享四季和收穫、分享音樂悠揚和詩意壯美、分享理想浪漫和現實豐富……分享裡有相依相存的哲理、有榮辱與共的

欣喜、有追求卓越的自信、有穿越時空的嚮往。我們分享的是金光燦爛的生命。

和人分享快樂，你就會加倍快樂；和人分享幸福，你就會加倍幸福；和人分享成功，你就會加倍成功；即使是痛苦和挫折，也可以和人分享，在眞心的交流中，困難會粉碎，痛苦會減少，智慧會增加，煩惱會轉化爲善行，善行會成就你的未來。

和人分享，可以解放自己、壯大自己。分享一個創業經驗，會催生一批典範；分享一項科學發明，會蓬勃一個行業；分享一種管理智慧，會產生巨大的生產力；分享一種新銳思想，會創造一代人的生活。分享是一種純潔和樸素，分享是一種互補和提高，分享是一種突破和自由。每天問問自己：「我和別人分享了嗎？」

樹上落下一隻嘴裡叼著一大塊食物的烏鴉，許多追蹤者立刻成群飛來，也都一聲不響的落在樹上。那隻嘴裡叼著食物的烏鴉，已經很累，牠吃力的喘息著。

此時牠不可能把這一大塊食物呑下去，也不能飛到地上把食物啄碎，只要牠放開嘴，追蹤者就會猛撲過來，一場爭奪食物大戰將無可避免。牠只好停在樹上，保衛嘴裡的食物。

嘴裡叼著東西，讓牠呼吸困難；被大家追趕，讓牠精疲力竭。不久，牠搖晃了一下，叼著的食物掉落了下來，追蹤者立即猛撲上去。混戰中，一隻機靈的烏鴉搶到食物，立刻展翅飛走。已精疲力竭的烏鴉也跟著飛，但明顯落在後面。第二隻烏鴉也像第一隻一樣，精疲力竭的落到一棵樹上，最後也失落了食物。於是又是一場混戰，追蹤者又去追趕那個幸運兒……可憐的烏鴉太貪

婪，不願和夥伴分享，以致得不到朋友，也失去了本來可以得到的食物。

不會和人分享，自己也享受不到。分享要眞心誠意，眞誠的分享，對人、對己都是快樂和幸福。每個追求快樂和幸福的人，都渴望別人走進自己的天地。和人分享，不是人生的點綴，而是向世界打開心靈的門窗，是心的呼喊，是愛的奉獻。

如果你樂於和人分享，你就會成爲胸懷大地的巨人，成爲勇於進取的強人，成爲心懷無私的善人，成爲以善立世的偉人。分享不是要你傾家蕩產，只是教你關愛他人、尊敬他人，在和諧、互助的時空中，共享人生。

你可以傳授一段過去的經驗，你可以分擔一些別人的困苦，你可以撥出一點時間和財力，你也可以爲別人的成功喝采。一顆同情心，送人理解和關愛；一顆平常心，使人坦然和寧靜；一顆感恩心，讓人榮耀和快樂；一顆博愛心，贈人玫瑰和幸福。

和人分享，是把自己的好處拿出來施惠他人；看到別人的好，在尊重他人、分享他人成功的過程，給人關愛和支持。我們面對親人、同事，甚至競爭對手，是否想過爲他們的成功喝采？沒有人不渴望聽到掌聲、接受鮮花、看見笑臉。而這掌聲、鮮花、笑容，能改變很多人的命運，也會給世界帶來無限的幸福。

第 13 條

# 做人比做事重要

做人是一個人的立身之本。我們都離不開人群，縱橫交錯的人際關係構成社會。人們各自扮演著不同的角色，個人的言行會影響他人，也直接決定了個人的成功與失敗。學習正確的做人之道，可以修身、立業，重新認識自己、審視自己，成功也就水到渠成。

# 1 善待你的至親

一個人成為父親或母親之後，人生觀也會發生變化，就好像內心深處，突然多了一種奇怪的力量，左右你的思想一樣。

——史帝夫・賈伯斯

有一種情感，讓人疑惑，那是來自父母親的愛。爲什麼父母會無私的包容、愛孩子，爲了孩子改變自己？很多人對此感到困惑，賈伯斯也不例外。

賈伯斯認爲，這種人世間情感的付出，被一種神奇的力量所左右，這種力量改變了爲人父母的人生觀。成爲父母，如同獲得新生，充滿了力量，讓人努力的想投入其中，爲了那個和自己有著血脈相連的小生命。所以你要善待父母，他們的日子一天比一天少，總有一天會離開你身邊。

賈伯斯的生母，是一位年輕、未婚先孕的研究生，於是決定讓人領養她的孩子。她開出的條件是：希望能讓孩子接受大學教育。因此在賈伯斯出生之前，她就選定了一個律師家庭，希望孩子能在這樣的家庭中成長、成才。

賈伯斯出生後，律師夫婦改變主意，想領養女孩，賈伯斯的生母只好給領養預備名單上的另一個家庭打電話。幸運的是，接到電話的夫婦欣然前往，他們很高興能領養賈伯斯，並且承諾把他當作親生兒子來撫養。

但是這對夫妻沒有念過大學，丈夫連高中都沒有畢業，賈伯斯的生母拒絕簽下領養合約。直到這對夫婦向她保證：「一定會供孩子上大學。」賈伯斯才成爲這個藍領家庭的孩子，終於有了一個完整的家。

父母對孩子百般疼愛、呵護，做子女的同樣要盡所能去孝順父母。孝順父母是人一生中最重要的感恩行動。著名的經濟學家鐘茂森博士，是澳洲昆士蘭大學的終身教授，他擬出九大孝願：

第一，我從今日至未來際，對於父母，傾盡所有，乃至身命，以至誠心，禮事供養，晝夜六時，心不間斷。若對父母，或因慳吝不捨，或貪利養名聞，不勤奉事，我則名爲欺誑如來。

第二，我從今日至未來際，對於父母，種種善願，盡捨身命，悉皆實現。若生退怯，不願成就，我則名爲欺誑如來。

第三，我從今日至未來際，對於父母，以種種美好柔軟言辭，令其歡喜，勤事不懈。若對父母以一粗言，令其不悅，我則名爲欺誑如來。

第四，我從今日至未來際，日夜常思父母恩德善行，常生信敬，起教師想，於他人前，讚嘆父母之德。若於父母，伺求其過，生一念輕慢之心，我則名爲欺誑如來。

第五，我從今日至未來際，以種種方便，安慰父母，令其不生憂惱恐懼，於一切境緣皆得解脫。若吝惜身命財物，生一念逃避之心，我則名爲欺誑如來。

第六，我從今日至未來際，常以種種大乘佛法，開解父母，令其歡喜，生起正念，明瞭宇宙人生眞相。若於父母法供養時，遇有障礙，便生退屈，我則名爲欺誑如來。

第七，我從今日至未來際，護持父母修學佛道，護持父母往生阿彌陀佛極樂世界。假使三千大千世界大火相炎，萬刃相加，我護持之願，無有動搖。若不爾者，我則名爲欺誑如來。

第八，我從今日至未來際，廣爲他人演說孝道，以身作則，勸令一切眾生孝養父母，受持此願，無有疲厭。若不爾者，我則名爲欺誑如來。

第九，我從今日至未來際，爲於父母，勤修戒定慧，熄滅貪嗔痴；求生阿彌陀佛極樂世界，速成無上正等正覺，圓滿孝道。再以神通道力，分身無量世界，於往昔世中所有一切父母，以方便智，供養教化，開示正道，攝其往生極樂世界。若不爾者，我則名爲欺誑如來。

鐘茂森博士孝順的例子，給年輕人做了很好的榜樣。或許不是所有人都能夠做到，但是可以努力向他學習，向他靠近。他之所以能夠獲得日後的成績，和他的孝心分不開。

孝順父母是我們對父母應盡的義務，也是在幫助自己。一個孝順父母的人，在工作中肯定是負責任的人。

## 2 懂得珍惜你的婚姻

我很愛我的妻子，她給了我一次美妙的婚姻。

——史帝夫・賈伯斯

賈伯斯是美國電子業曝光率最高的執行長，他的太太蘿琳・鮑威爾（Laurene Powell）行事一直很低調。在蘋果MacBook新品發表會上，蘿琳悄然現身，爲丈夫捧場。

當時人們不知道蘿琳是賈伯斯的妻子。在蘋果的新品發表會上，一位金髮女郎坐在賈伯斯旁邊，她就是賈伯斯的妻子。這位「蘋果第一夫人」果不其然，使用的手機是正在熱銷的iPhone。幾分鐘後，賈伯斯在百忙中抽身找到蘿琳，兩人坐在一起，低聲聊了起來。

賈伯斯和蘿琳於一九九一年結婚，兩人育有三個孩子。蘿琳目前是非營利組織College Track的創始人兼總裁，該組織透過集中上課的方式，幫助低收入家庭的學生爲進入大學做準備。近年來，蘿琳又設立一個規模更大的慈善組織Emerson Collective，與一批企業家共同促進國內外的社會改革工作。

生活中常聽到，夫妻爲了雞毛蒜皮小事互相抱怨，如誰給父母的錢多了，誰給的少了；你賺的錢不如誰家的多，妳沒有誰家的妻子溫柔……這些都是常聽到的煩瑣事，如果不用心處理，很容易累積成激烈矛盾，最終影響夫妻感情。

這些煩瑣的矛盾如一粒粒沙子，慢慢進入婚姻的鞋子裡，當沙子越來越多時，兩人中一定有人會覺得不舒服，於是想放棄這漫長的情感之路。

賈伯斯說：「如果在這個世界上，你找不到一個自己願意愛的人，並且眞誠的去愛對方，你將是世界上最貧窮、最可憐的人。」

年輕時，我們對另一半的理解很單純。因爲我們熱愛浪漫、崇尚誓言，相信可以擁有「執子之手，與子偕老」般，天長地久的相依相伴。但是當時間的車輪輾過生活時，才驚訝的發現，這份對另一半的天眞、熱愛，已逐漸被擱置在內心角落。我們開始用金錢來衡量浪漫、用物質來代替誓言。

股神巴菲特深愛去世的妻子蘇珊。巴菲特談到已故的蘇珊時，總是柔情似水，他說：「她與世無爭，崇尚精神的自由。」

一九七七年，蘇珊搬到舊金山，兩人處於分居狀態，他們沒有離婚，經常一起旅行、參加家庭聚會。蘇珊擔任伯克希爾公司董事會，她擁有公司百分之二．二的股份，價值三十億美元。二○○三年，蘇珊被確診罹患口腔腫瘤，接受手術和化療；二○○四年七月二十九日，她和巴菲特

到懷俄明州科迪市拜訪朋友時，突然中風。巴菲特一直陪伴在她身旁，直至她去世。

在蘇珊的葬禮上，愛爾蘭搖滾歌手波諾（Bono）演唱〈永遠年輕〉和〈最愛的是你〉兩首歌。波諾與蘇珊是在慈善工作相識，他在二〇〇四年專輯《如何拆除原子彈》內頁中，對蘇珊的贊助致以謝意。

臺灣著名女作家、流浪者三毛，和丈夫荷西在撒哈拉沙漠，展開一段清苦，但爲世人稱道的愛情。

荷西問三毛：「妳想嫁給什麼樣的人？」

三毛說：「看得不順眼，千萬富翁也不嫁。看得順眼，億萬富翁也嫁。」

荷西想了想說：「那說來說去，妳還是想嫁個有錢的人。」

三毛看了看荷西，說：「也有例外的時候。」

荷西問：「那妳嫁給我嗎？」

三毛嘆了一口氣說：「要是你的話，那只要有吃飯的錢就夠了。」

不要再說社會物欲橫流，愛人到哪裡去了！愛人就在這裡，從未改變，只是你還沒有遇到而已，或即將遇到。前提是，你必須懷有眞摯的情感，要一輩子與你遇見的愛人相濡以沫。

相濡以沫的愛人並沒有被物欲橫流的社會抹殺，這樣的愛人是包容不放縱，關懷不寵溺，彼此相互交融。眞愛不一定是他人眼中完美匹配的愛人，而是相愛人彼此心靈的契合，是爲了讓對

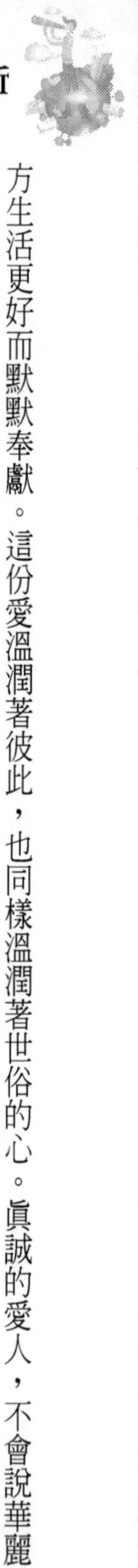

方生活更好而默默奉獻。這份愛溫潤著彼此，也同樣溫潤著世俗的心。真誠的愛人，不會說華麗的語言，沒有譁眾取寵的行動，只是在點點滴滴、一言一行中，讓你感受到愛的存在。

所以，請記住，對待愛人，對待他/她堅定的眼神，只需要一顆相濡以沫的心，僅此而已。

## 3 不可或缺的友情

懂得欣賞朋友，實際上是在為自己鋪路，是自我提升的過程。

——史帝夫・賈伯斯

欣賞一個人，並不是奉承他，而是從他身上發現諸多亮點，尤其是朋友。

賈伯斯說：「我把研發電腦和培養人才兩者結合，帶領少數的電腦天才創造電腦奇蹟。」賈伯斯的成功讓我們知道，一個人的成功離不開團隊，如果沒有好友沃茲等人的幫助，他很難擁有今天的成就，這就是友情的力量。

常聽人說：「人世間最純淨的友情，只存在於孩童時期。」這句話很悲涼，卻很多人贊成，由此可知，人生之孤獨與艱難。但也有人不贊成這句話，孩童時期的友情，只是愉快的嬉戲，成年人靠著回憶，追加給它的東西很不眞實。眞正的友情產生於成年後，它不可能在尙未獲得意義之時，便抵達最佳狀態。

男孩和女孩是好朋友。男孩因輸血感染愛滋病，同伴都遠離他而去，只有女孩陪在他身邊。

一個偶然機會，女孩在雜誌上看到一則消息，說加州某醫院有位醫生，找到治療愛滋病的植物，她興奮不已，於是帶著男孩踏上往加州的路。

爲了省錢，他們晚上睡在隨身攜帶的帳棚裡，男孩的咳嗽多了起來，帶來的藥也快吃完了。這一天夜裡，男孩冷得直發抖，他用微弱的聲音告訴女孩，他夢見兩百億年前的宇宙，星星的光很黯淡，他一個人待在那裡，找不到歸途。

女孩聽了，把她的鞋子塞進男孩的手上：「以後睡覺，就抱著我的鞋，想想我的臭鞋還在你手上，那麼我肯定在附近。」

他們身上的錢差不多用完了，但距離加州的路還很遠。男孩的身體越來越虛弱，女孩不得不放棄計畫，帶他回到家鄉。女孩依然常去病房看男孩，有時他們會玩裝死遊戲嚇醫生和護士。

春天到了，陽光照著男孩瘦削、蒼白的臉，女孩問他想不想再玩裝死的遊戲，男孩點點頭。然而這次男孩並沒有在醫生爲他把脈時，忽然睜開眼笑起來——他眞的死了。

女孩抱著男孩冰冷的身體抽泣：「我很難過，沒能找到治他的藥。」

男孩的媽媽在旁邊淚如泉湧：「不，妳找到了。妳給了他一隻鞋，他一直因爲有妳這個朋友深感幸福。」

人們常在某次突發事件中，猛然發現自己長大了。彷彿是哪一天的某個時間，一位要好朋友遇到的困難，使你感到一種不可推卸的責任，於是你放慢腳步憂思起來，開始懂得人生的重量。

就在這一刻，你突然長大了。

友情需要不斷聯繫與問候，許多人因爲時間、距離，因爲不聯繫而變得陌生。雖然彼此曾經很熟悉，現在卻多了一層隔閡，即時通上見面，只剩下簡單的「最近好嗎？」「嗯！還好……」就這樣，就沒了下文。很多時候開著即時通，看著眾多朋友在線上，卻只有對著螢幕發呆，不知道說什麼。

多久沒給朋友寫信了？多久沒和朋友打電話了？又多久沒約好友出來聚聚了？偶爾寫信，是逢年過節的時候，問候、祝福一下。是什麼，讓大家越來越疏遠；是什麼，讓大家越來越淡漠；是什麼，讓曾經很好的朋友，如今見了面也沒有什麼話說？

時間、距離疏遠，是感情最可怕的敵人。時間久了，感情會變淡；距離長了，感情會疏遠。這是眞眞切切、不可逆轉的。

還記得曾經的好友嗎？他們現在好嗎？這些年來，過得順暢嗎？工作怎麼樣了？找到另一半了嗎？他們變成什麼樣子了？以前那些愛好還在嗎？還是像以前那樣喜歡這喜歡那嗎？

這些你都知道嗎？這一切，只怕已經離你很遠了吧！你是否也有這樣的狀況呢？那麼拿起手機，想誰就和誰發簡訊，告訴他（她），你想他（她）。你不說，他（她）永遠也不會知道。

別讓一個個曾經的好朋友，隨著歲月的流逝，而一個個漸行遠去，等到心灰意冷時，才發現身邊早已沒有人傾聽你的委屈。

# 4 做人要有責任心

我們骨子裡就是一家消費品公司，我們的生死存亡掌握在消費者的手中，他們才是我們關注的對象。我們的工作就是對整個用戶負責，如果沒有做好，那就是我們的錯。

——史帝夫．賈伯斯

成功者和失敗者的區別，失敗者只看到利潤，成功者則關注包括利潤的更多東西，如責任。粉絲相信蘋果，願意信任賈伯斯，是基於賈伯斯對用戶負責的態度。有責任感的人，討人喜歡。責任永遠是第一位，負責精神是解決問題的根本保證。人們大多會對容易解決的事情負責，而把有難度的事情推給他人，這種思維常導致工作上的失敗。

美國總統杜魯門上任後，辦公桌上擺一個牌子，上面寫著：問題到此爲止。意思是說，你的問題你負責，不要把問題丟給他人。人難免有疏忽的時候，沒有人能做到盡善盡美，關鍵是出現問題時，是否能馬上去解決，這是一個人是否能夠勇於承擔責任的重要表現。

要明白一個道理：要對遇到的問題負責，不要推給他人。

霍金斯是著名的演說家，讓顧客及時見到他本人和他演講的資料，非常重要，因此公司安排一位祕書，專門負責把他演講的資料及時送到顧客手中。

一次，霍金斯應邀擔任演講，他打電話給祕書，問資料是否已送到客戶手中。祕書說：「沒問題，我幾天前就已經把東西送出去了。」

「他們收到了嗎？」霍金斯追問。

祕書說：「應該收到了，我請聯邦快遞，他們保證兩天後送達。」

客戶雖然拿到資料，但每天收到的東西很多，沒有注意到這份資料的重要性，便隨手一放，等到要用時已找不到。結果可想而知。後來公司爲霍金斯安排一位新祕書，巧的是，霍金斯又要到上次的客戶那裡演講。

當他問新祕書：「我的資料寄到了嗎？」

新祕書說：「到了，客戶三天前已收到。只是我打電話過去時，演講負責人告訴我，可能會比原來預計的人數多出三百人，但實際多少無法確定，因爲他們允許有些人臨時入場。不過您別急，我已把多出來的準備好了。我怕三百份不夠，爲了保險起見，寄了五百份。

「負責人還問我，您是否要在演講前，讓聽眾拿到資料。我告訴她，您通常是這樣的，但這次是新的演講，我還不能確定。所以她決定在演講前發下資料，除非我在演講前，明確告訴她不要這樣做。我有她的電話，如果您還有其他要求，我可以通知她。」

祕書的話，讓霍金斯放心。

這位新祕書將「我的問題，我負責到底」的精神貫徹到底。很多問題並不難，關鍵在態度，態度對了，問題自然容易解決。一個能夠讓人放心的人，做人一定也是成功的。

第 14 條

# 多一點感恩與寬容

感恩和寬容就像兩生花，相依相偎。感恩，是對生命的敬畏，是對他人的尊重，是對人生真諦的頓悟；寬容，是一種智慧和力量，是對生命的洞悉，是成長的綠蔭。雨果說：「世界上最寬闊的東西是海洋，比海洋寬闊的是天空，比天空更寬闊的是人的胸懷。」多一點感恩之情，會少一些指責推諉；多一些寬容理解，會少一些爭吵冷漠。當你心存感恩，學會寬容時，便能領悟生命的真諦。

# 1 感謝生命中的每個人

> 我會設身處地想像被解僱的員工回家時的情景，解僱蘋果的員工真的是一件痛苦的事情。
>
> ——史帝夫．賈伯斯

你的成功要感謝每一個遇到的人，這些人讓你更好的成長，讓你發現自己的能力與潛能。

賈伯斯見識到沃茲的才能，知道自己在電子技術上的不足。以前他認爲自己很厲害，見到沃茲研發的裝置後，他呆住了。賈伯斯回憶當時：「我簡直驚呆了，以前我總覺得自己在電子方面的知識，無人可比，可是當我見到沃茲時，我的想法改變了，在電子方面，沃茲是我遇到的第一個水準比我高的人，不得不感謝沃茲的出現。」

賈伯斯很欣賞沃茲的才能，因爲對沃茲的欣賞，他的很多想法都是和沃茲一起實現的，後來還一起創建了赫赫有名的蘋果電腦公司。

在人生旅途中，你除了家人、朋友、主管、同事、客戶外，還要感謝很多人。要感謝生命中

的過客，他們雖然不是你的親人、師長、愛人，但你會在不經意間，和他們在某段路途上相伴而行，聊聊天，解解悶；遇到坎坷不平時，互相攙扶著前進；在需要跋山涉水時，攜手並肩前行。他們無法陪你走完人生之路，但在相伴而行的路上，都會在你生命中留下或淺或深的印痕。

疲憊的路人甲躺在路邊睡著了，一條毒蛇從草叢裡鑽出來，爬向他。毒蛇昂頭吐出鮮紅的舌信，這時路人乙經過這裡，打死毒蛇，但沒有驚醒路人甲，就悄悄走了。

路人甲不知道他熟睡時發生的事，但他一生都生活在他人的恩澤中。

在一個夏天的夜晚，張生回家時，發現陽臺燈亮著，他以為妻子忘了關，正要過去關，妻子攔住他。張生覺得奇怪，妻子指著窗外。只見路邊停著一輛裝滿垃圾的三輪車，上面坐著撿荒的夫婦，正沐浴在從陽臺投射下的溫暖燈下，邊說笑邊開心吃著東西。看著燈光下的那對夫婦，張生和妻子相視而笑，悄悄退出陽臺。

窗外那對夫婦可能永遠不會知道，在這陌生的城市中，有一盞燈是特意為他們點亮的。用感恩的心為陌生人點亮一盞燈吧！因為我們也在不知不覺中，沐浴在他人給予的光明裡。

感恩是生活中最大的智慧。我們常懷感恩之心，便會更感激、懷念有恩於我們，卻不求回報的人，因為有他們，我們才有今天的幸福和喜悅；常懷感恩之心，便會以給予他人更多幫助和鼓勵為樂，便會對處於困境的人伸出援手，不求回報。

大陸中央電視臺播出一集名為《感恩之旅》的節目，故事的主角是一對父子。

這對父子相依為命，為了給身患絕症的兒子治病，父親花掉所有積蓄，還賣掉房子，可說是傾家蕩產。在這對父子走投無路時，來自全國各地的好心人，向他們伸出了援手，幫助他們度過難關，兒子的病情也得到有效的控制。

面對陌生人無私的幫助，兒子冒出一個想法：希望在他所剩不多的日子裡，能親手向每個好心人，送上一束鮮花，說聲「謝謝」。於是父子倆駕著三輪車，開始為期數載、遍及全國各地的感恩之旅。

這段旅途中，他們感謝別人的同時，又得到更多陌生人的幫助，父子倆決定，要把感恩之心傳遞給更多需要幫助的人。

感恩我們生命中的每個人吧！人的一生中，需要無數人的支持與幫助，這千千萬萬不圖回報的人，成就了我們生命的精采。所以我們要保有一顆感恩的心，感謝生命中的每個人。

## 2 要有成功者的寬容心

> 你必須謹慎做出選擇，對那些我們做過的事，和那些我們沒有做的事，我都同樣引以為傲。
>
> ——史帝夫．賈伯斯

賈伯斯被自己創建的公司解僱了，十二年後，他重回蘋果，他沒有放棄對蘋果的愛，並且解救了蘋果的危機。

賈伯斯說：「我發現，我還是喜愛那些我做過的事情，在蘋果電腦經歷的那些事，絲毫沒有改變我愛做的事。雖然我被否定了，可是我還是愛做那些事情，所以我決定從頭來過。當時我沒發現，但現在看來，被蘋果電腦開除，是我所經歷過最好的事情。」

我們不應該對人懷有偏見。偏見會蒙蔽你的雙眼，讓一切變得不眞實。

偏見是鏽，讓你永遠打不開盒子，而盒子裡可能裝著你需要的東西，如一本書、一帖藥、一把鑰匙。

偏見是牆，有偏見的人只看到牆，不承認那裡有土地、花朵、河流，而固執己見的說：「牆上怎麼會有花朵和河流。」

偏見是病毒程式，會刪除某些資料。有偏見的人不承認「有」的存在，如不承認厭惡的人也有優點和美德。

偏見是藥物的副作用，人都有不高明的另一面，有人瞥見就難以忘懷。君子遭逢此事，寧願相信自己看錯或記錯，不會像敏感的人，以爲窺見了全部，就像人把藥效忘記了，對副作用卻銘記於心。

偏見是刀子，除了廚師和屠夫，誰都不應該帶著它。爭辯事理要放下刀子（即偏見），否則終會後悔。就像一場鬥毆，有人持刀，常會出人命。鬥毆危險，攜刀鬥毆更危險。

偏見是愚昧，即使在科學昌明之地，也會有人持有偏見。偏見不一定需要理由，如牴觸某一種民族習俗或宗教，卻對它毫無了解。

這和知識、科學的缺乏，一樣屬於愚昧。大多數人在認知領域都有偏見，只是程度不同、領域不同、矯治的方法不同，即使科學家也無法保證毫無偏見。十九世紀初，德國的物理學家弗朗和斐（**J.von Fraunhofer**）製造出反射望遠鏡，研究各種光譜，終其一生。但他被拒絕出席科學院的會議，因爲他是光學儀器製造商，不是科學家。

擺脫偏見的法門是寬容。寬容是水，像鹽一樣聚結的偏見，會逐漸溶化在水裡。偏見較少的

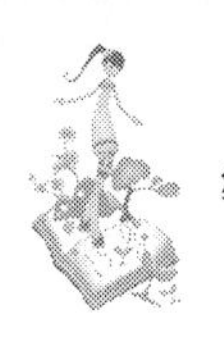



人，敵人少，錯誤也少。一個人不能一直記著仇恨，要懂得如何消除怨恨，才能得到更多快樂，才能讓人們尊重，就好像南非總統曼德拉。

人生不如意之事十有八九，何苦為難自己。我們應該學習南非總統曼德拉博大的胸襟、寬宏的精神。

曼德拉因為領導反對種族隔離政策，被白人統治者關在羅本島二十七年。一九九〇年出獄，一九九四年，在南非首次的多種族大選中，成為南非歷史上首位黑人總統，他邀請三名羅本島的守衛，來參加他的就職典禮，他恭敬的向三名守衛致敬。這個舉動震驚全世界，使在場的所有來賓肅然起敬。

後來曼德拉向朋友解釋說，他年輕時性子很急，脾氣暴躁，在獄中學會了控制情緒才活了下來。他的牢獄歲月給他時間與激勵，使他學會了如何處理遭遇苦難的痛苦與磨難，必須以極大的毅力來訓練。

人們之所以被煩惱包圍，充滿痛苦，怨天尤人，有諸多的不滿和不如意，是因為缺少像曼德拉的寬容和感恩。當人們的思緒身陷囹圄時，可以想想曼德拉獲釋出獄當天的心情：「當我走出囚室、邁過通往自由的監獄大門時，我已經清楚，自己若不能把悲痛與怨恨留在身後，那麼我其實仍在獄中。」

# 3 應記住的和應忘記的

該記住什麼，又該忘記什麼，你比我更清楚。

——史帝夫．賈伯斯

世界最公平的就是時間，它不會停止，也不會變快。

對工作充滿激情的賈伯斯，有時會把這些動力變成對員工的壓力。蘋果的高階主管說：「蘋果公司不適合心臟不好的人。賈伯斯不會記住自己說過的話，也許之前他說過十分難聽的話，但你要記住的是，如何將他說的做好，其他什麼都無所謂，一切都用結果來證明。」也就是說，對工作你不應該記住別人對你的批評，而是要忘卻，眞正應該記住的是，要接受別人的建議，這對你很有幫助。做人也不例外。

人生會經歷很多事情，好的、壞的；美的、醜的；順利的、彆扭的；利己的、利他的；讓人愉快的、令人苦惱的。可說形形色色，五花八門。有些事情人們記得牢，有些事情人們忘得快，很自然。人有記性，也有忘性。

問題是，記住什麼，忘掉什麼？這可以是自然過程，也可以是人爲過程。通常，對關公過五關斬六將的榮耀，人們更容易也更願意記住，甚至在各種場合津津樂道；而對他走麥城的教訓，人們容易遺忘或刻意迴避。

還有人們喜歡記住對別人的恩惠，容易淡忘自己受人之惠。趨利避害是人的本能，人的記憶取向是自然的，可以理解。但是人有思想、有品格，思想傑出、品格純正的人，有更高的境界。在記憶的取捨上有一個小故事，可以給我們一點啓示。

一次，阿里和好友吉伯、馬沙外出旅行。三人行經一處陡峭的山路，馬沙突然失足滑倒，眼看就要摔下山崖，這時吉伯立即抓住馬沙的衣襟，用力將他拉了上來。爲了記住這個恩德，馬沙在路邊一塊大石頭上刻下一行字：「某年某月某日，吉伯救了馬沙一命。」

三人繼續前行，來到海邊，因爲一件小事，吉伯和馬沙吵了起來，吉伯一時激動，打了馬沙一個耳光。馬沙沒有還手，他跑到沙灘，在沙灘上寫下一行字：「某年某月某日，吉伯打了馬沙一個耳光。」

旅行回來後，阿里問馬沙：「你爲什麼把吉伯救你的事刻在石頭上，而把他打你的事寫在沙灘上？」

馬沙說：「我要永遠感謝，並永遠記住吉伯的救命之恩，至於他打我的事，我想讓它隨著沙子的流動，逐漸忘得一乾二淨。」

馬沙對待他人恩惠和怨恨的正確態度，值得我們學習和借鑑。然而很多人的做法，和馬沙大相逕庭。有人對別人給予的幫助，缺乏足夠的感激，認為是應該的；有人得到別人的幫助，不知道回報，或只是一時感激，時過境遷便很快遺忘；有人不辨是非，恩將仇報……而當別人不小心損害自己的利益時，很多人會牢記在心，甚至長期耿耿於懷。

感恩是一種美德。古人說：「滴水之恩，當湧泉以報。」這句話所表達的不是一種現狀，而是一種追求，能做到的人並不多。即使如此，我們也不應放棄追求，因為記住他人對你的好，以感恩的心對待他人，以寬闊的胸襟回報社會，是一種利人利己、有益社會的良性循環。

民間有句話：「你幫別人莫提起，別人幫你要牢記。」這是教我們要加強道德修養、寬厚待人的處事良言。

現代社會，人們的交往面比過去大大增加，接觸的人更多，人際關係更複雜，人與人之間的合作、矛盾、想法，乃至利益的碰撞也更多，因而更需要保持仁厚之心。

一個銘記自己的引路人的人、念念不忘別人對自己恩典的人；一個不記得自己做過的好事、努力記住自己做過的錯事的人，值得人們稱讚和欣賞，這種情懷非比尋常。

第 15 條

# 接受現實的世界

美國心理學家威廉·詹姆斯說：「接受事實，是克服任何不幸結果的第一步。」對不公平的經歷，我們無法逃避，也無法選擇，只能接受已經存在的事實，進行自我調整，抗拒不但可能毀了你的生活，還會使你的精神崩潰。因此當無法改變厄運時，先學會接受、適應它。要知道，接受現實，是改造現實的前提。

# 1 接受現實是成熟的開始

我們努力的方向不是膨脹自己，而是回歸基本，做好產品、做好行銷、做好配銷，蘋果已經與基本偏離太遠。

——史帝夫．賈伯斯

你要做的是什麼？那就是接受現實，沒有人會因爲你的逃避憐惜你，更不會給你多少照顧。世界上很多東西是不完整的，這些不完整變成了人們的煩惱，甚至是悲劇。像是人的壽命有限，無法得到永生，因此有人不甘心，想盡辦法改變這個事實。於是就有古代皇帝到處尋找長生不老藥，最後還是逃脫不了宿命。我們必須接受無法改變的事實，想在有限的生命裡做點事情，首先要了解人生有限、時光飛逝的不可抗拒的事實。

活出生命色彩的藝術博士黃美廉，出生時因意外造成腦性麻痺，全身的運動、語言能力受到傷害，直到六歲才學會走路。她的身體扭曲、口歪眼斜，講話時還會流口水。她從小就活在諸多肢體不便、眾多異樣的眼光中，讓她的成長充滿血淚。

她並沒有被這些外在的痛苦擊敗，而是昂然面對。小學二年級時，老師發現她有藝術天分，對色彩十分敏感，逐漸開啓她日後藝術創作路上的學習。後來她進入加州州立大學修讀藝術，在付出比常人多百倍的努力後，終於獲得加州大學藝術博士學位，她的畫展也轟動了世界。

在一場傾倒生命、與生命相遇的演講會上，有位學生小聲的問：「請問黃博士，妳從小就長成這個樣子，請問妳怎麼看自己？妳都沒有怨恨嗎？」

在場許多人都很緊張，擔心在大庭廣眾下問這樣的問題，她會受不了。沒想到，黃美廉用粉筆在黑板上重重寫下幾個字：「我怎麼看自己？」她歪著頭，回頭看著發問的同學，然後嫣然一笑，在黑板上龍飛鳳舞的寫了起來：「一、我好可愛！二、我的腿很長很美！三、爸爸媽媽這麼愛我！四、上帝這麼愛我！五、我會畫畫，我會寫稿！六、我有隻可愛的貓！七、……」最後，她在黑板上寫下結論，「我只看我所有的，不看我所沒有的。」

腦性痲痺，讓黃美廉從小知道身體上的缺陷無法改變，不如追求一顆快樂的心。這樣的成熟與泰然，幾人能有？在現代社會中，殘酷的現實，隨時存在。

我們唯一要做的是接受已經發生、不可改變的事實，並從現實出發，再做另行考慮，而不是給自己太多的假設和如果，或心有不甘的想如何才能回到過去。這樣既不能如你所願，又會浪費寶貴的時間，與其這樣，不如接受現實，然後開始新生活。

美國心理學家威廉．詹姆斯說：「接受事實，是克服任何不幸結果的第一步。」對不公平的

經歷，我們無法逃避，也無法選擇，只能接受已經存在的事實，進行自我調整，抗拒不但可能毀了你的生活，還會使你的精神崩潰。因此當無法改變厄運時，先學會接受、適應它。要知道，接受現實，是改造現實的前提。

荷蘭阿姆斯特丹有一座十五世紀的教堂遺跡，裡面有一句題詞讓人過目不忘：「事必如此，別無選擇。」

我們知道，命運充滿不可捉摸的變數，如果它帶給我們快樂，當然很好，我們也容易接受；但它有時會帶給我們可怕的災難，這時如果不能學會接受它，會讓災難主宰我們的心靈，那生活就會永遠失去陽光。

卡耐基說：「有一次，我拒不接受我遇到的一種不可改變的情況，我像個蠢蛋，不斷做無謂的反抗，結果帶來無眠的夜晚，我把自己整得很慘。終於經過一年的自我折磨，我不得不接受我無法改變的事實。」

接受現實，並不等於束手接受所有不幸。只要有任何可以挽救的機會，我們都要奮鬥！但當情勢已不能挽回時，最好不要再思前想後，要接受現實，唯有如此，才能掌握好人生道路。

失敗者不喜歡接受現實，他們抱怨懷才不遇，抱怨運氣不好，覺得自己可以更好、更優秀。在高調者眼中，現實總是不好的，他總可以爲自己找到失敗的藉口；而成功者可以很輕鬆的接受現實，他不抱怨現實，知道積蓄力量，尋找改變現實的辦法。

## 2 拋棄內心的消極情緒

如果要招一個級別夠高的員工，那麼此人能否勝任就像是在賭博，他們必須智商夠高。對我來說，問題在於：他們是否會愛上蘋果？因為如果他們能夠和蘋果墜入愛河，那麼其他事情就會迎刃而解。

——史帝夫．賈伯斯

一個優秀人才必須具備的一項特質，那就是積極的熱情，其他方面再優秀的員工，也不可能成爲企業的主心骨。只是將自己當作公司的雇員，而不是團隊的成員，這是最大的問題，因爲主管不可能指望他在工作中，百分之百的投入，既然如此，他的優勢究竟能發揮出多少？培養自己的樂觀精神，趕走消極情緒，就能獲得成功。賈伯斯接受肝臟移植手術後，出現在蘋果新產品發表會上，絲毫看不出來他是個病人，他的精神就像三十幾歲的年輕人。

賈伯斯身著象徵性的藍色牛仔褲和黑色T恤，發表新款iPod產品，蘋果爲新款iPod增加了功能，並下調iPod的價格。蘋果此次推出新款iPod nano，集攝影機、FM收音機和計步器功能。賈

伯斯長達半小時的激情洋溢的演講，他高度表揚蘋果的主管團隊，在他離開期間，表現非常能幹。他說：「我很高興和你們在一起，我還站著，我回到了蘋果，並享受在這裡的每一分鐘。」

當你情緒低落時，若有人搭話，很有可能會成爲你的出氣筒，甚至這種壞情緒會繼續傳染。壞情緒常會不自覺的被帶到工作中，影響工作進度，嚴重還會造成難以彌補的後果。

情緒是人對外界的一種正常心理反應，有消極和積極之分。將壞情緒帶進辦公室，就好比給工作戴上有色眼鏡。不知你是否常有這樣的感受，情緒不好時，看什麼都不順眼，都會挑毛病；情緒好時，人會變得寬容，工作起來放鬆，還可以快樂的感染同事。

公司裡，擁有陽光般心態的員工很可貴，他們不會把壞情緒帶到辦公室，影響工作進度和同事的情緒，反而會營造出良好的工作環境。

美國洛杉磯大學醫學院心理學家加利．斯梅爾，經過長期研究發現，一個心情舒暢、性格開朗的人，和一個整天愁眉苦臉的人在一起，不久情緒也會變得沮喪；一個人的敏感度和同情心越強，越容易感染壞情緒，這種傳染會在不知不覺中完成。美國密西根大學心理學教授詹姆斯．科因，研究證實，低落情緒傳染只需要二十分鐘。

阿燦在市場部工作，她發現每當部門主管情緒不佳時，她的心情也隨之低落。「你想，主管心情不好時，總是拉著臉和我們說話，動不動就對我們發脾氣，我們的情緒能好嗎？」阿燦無奈的說：「再說，她心情不好，我們也不可能在她面前興高采烈！你注意觀察，哪一天我們主管的

心情不好，部門員工都會情緒低落，做事很沒有精神。」

人與人交往，個人情感對其他人的情緒會有顯著的影響。如果你喜歡或同情某個人，就特別容易受到此人的情緒影響；如果一個情緒並不低落的人，和另一個情緒低落的人同住一間宿舍，他的情緒也會低落起來；家庭中，如果某人情緒低落，配偶也最容易出現情緒問題。

解決不良情緒傳染問題，關鍵是要做好心理疏導工作。醫生認爲，辦公室內如果存在不良情緒傳染，要比環境汙染更嚴重，它會渙散人們工作的積極性。

生活中遇到不如意的事，首先要提高自身修養，要有群體觀念。把積極的情緒放在心裡，可以讓大家分享你的快樂；把消極的情緒帶到心裡，就會在工作處理上有誤差，也會讓同事慢慢疏遠你，容易引起誤解和激化矛盾。

只要學會一種技巧，在心情難以控制時控制環境，在環境難以控制時調節情緒，那麼諸多的問題就會迎刃而解。

# 3 不是所有願望都能實現

我沒想到，會被自己創建的蘋果公司解僱；更想不到，我會在一年中損失二．五億美金。

——史帝夫．賈伯斯

你在一條泥濘的路上奔跑，衣物沾滿泥漿，讓你覺得沮喪。不幸的，你又摔了一跤，渾身泥土。接下來你該怎麼做？是選擇重新站起來，道路依舊在你眼前，繼續奔跑，終會脫離這片泥濘；或坐在那裡自怨自艾，爲不幸難過，那麼你永遠脫離不了泥濘的包圍。

不要爲了一時的挫折傷心難過，堅信你可以獲得成功，爬起來，沿著前路繼續走下去，沒有人願意經歷挫折，但當挫折出現時，除了調整自己，重新出發，再也沒有更好的選擇。

我們知道，不是所有事情都能如願，必須用理智看待問題。那怎樣才能做到呢？賈伯斯歸納出以下幾點：

第一，**積極的自我意識**。亦即要有自知之明，認識自己，正確找出你的優缺點。將興趣、嗜

好、能力和特長都列出來，哪怕很細微也不要忽略。之後評估你的優劣勢，思考你可以勝任和避免從事的工作。自我認識的目的在發展、完善自己。找到你的弱點，設法補救，用適當的行動和措施補償，變不利爲有利，這樣才能產生自信。

自我想像對人的行爲有很大的影響，它給你劃定了活動的界限。自認平庸，不敢有更高的要求，結果本來能夠達到的目標，卻因自我期許過低，自卑自貶，事情還沒開始，攀登還未起步，就把成功的機會白白的丟失。

第二，**準確的自我定位**。「尺有所短，寸有所長。」每個人都在努力尋求發展。有人不知道自己能做什麼、能做好什麼，所以要給自己一個恰當的定位。根據自己的才智、特長來規劃、設計，確定努力的方向，並充分利用各種有利條件，不斷增長才幹，才能讓進步、成功伴隨自己，戰勝自卑。

一個人要有積極心態，揚長避短，將某種缺陷，轉化爲自強不息的力量，也許缺陷就不會成爲障礙，反而會是福音，促使你更專心關注自己選擇的發展方向，促成你獲得超出常人的發展，成爲超越缺陷的卓越人士。

許多知名企業家大多出身貧寒、創業過程艱難，他們沒有世襲家族的財富，也沒有偶遇的良機，但是貧窮和艱難，激勵、磨練了他們，使他們成爲卓越的人，改變了世界。

第三，**不要過分追求完美**。有一個圓被切去了一角，它想找回丟失的缺角來恢復圓形，於是

展開尋找的旅程。因為圓已殘缺，只能慢慢滾動，它一路上欣賞花草樹木，和毛毛蟲聊天，享受陽光，先後找到各種不同的缺角，但都不合適，只好繼續尋找。

有一天，這個殘缺的圓終於找到合適的缺角，開心的拼成一個圓，開始滾動。現在它已是完整的圓了，它快速的滾動，讓它無法注意到路邊的花草樹木，也不能和毛毛蟲聊天。它必須靠不停的滾動來平衡、控制速度、繞過風險。終於它發現滾動太快，使它看到的世界變得不同，於是它把補上的缺角丟在路邊，現在它又可以慢慢旅行了。

過分追求完美、過分苛求自己，這種心態使人的自尊心過強，自我滿足感過低，稍受挫折和失敗就容易危及信心。

每個人難免會有缺陷。對弱點、錯誤和失敗，大可不必過分苛求，更不要輕率的否定自己。要知道，每個人適合做什麼，不適合做什麼，是否能夠做成，都有一定的估量，無法苛求。

做好「不是所有願望都能實現」的心理準備，並盡力完成，或許成功的機率更大。

# 4 積極心態或消極想法

即使處於困境時，你也要面帶微笑。

——史帝夫・賈伯斯

巴斯德說：「字典裡最重要的三個詞，就是意志、工作、等待。我將要在這三塊基石上建立我成功的金字塔。」

我們要用積極的心態面對人生，美國成功學學者拿破崙・希爾說：「人與人之間只有很小的差異，但是這很小的差異，卻造成了巨大的差距。很小的差異，就是所具備的心態是積極的還是消極的；巨大的差距，就是成功和失敗。」

一個人想要成功，應該先像巴斯德和拿破崙・希爾一樣，培養積極的心態。每個人身上都散發著一種自然的活力，這是生命中的隱性元素，其中蘊涵著人們無法預料的巨大潛能，而開發這些潛能的唯一鑰匙，就是擁有積極的心態。

貝爾・艾倫是美國聯合保險公司業務部的基層員工，他不滿足於現狀，一心想成爲優秀的推

銷員。一次偶然機會，他在雜誌上讀到一篇〈化不滿為靈感〉的文章，深受啓發。「積極的心態是實現夢想的助推器，將這觀念運用到工作中，對實現夢想一定會大有幫助。」艾倫心裡想著。

這年冬天，艾倫的工作遇到了瓶頸，新客戶的開發十分艱難。在大雪紛飛的傍晚，他垂頭喪氣的回到家，連吃飯的心情都沒有。今天的業績為零，他沿著威斯康辛市區挨家挨戶拜訪，都吃了閉門羹，使他的工作熱情降到了冰點。這時他想起了〈化不滿為靈感〉的文章，於是興沖沖的翻出來，認眞的重溫一遍，突然覺得渾身又充滿了力量：「我明天一定還要試一試！」

第二天，他遇到和自己遭遇相同的同事，彼此交流後，個個垂頭喪氣，但艾倫依舊精神飽滿的報告昨天的進度，他在結束時說：「沒關係，今天我還會去拜訪昨天的那些客戶，並且一定會成為公司業績最好的人。」

也許是幸運之神聽到了他的呼喚，也許是客戶被他的誠心所打動，他的願望實現了，當天他共簽下六十六份新的意外保險單。到了晚上，他以無比激動的心情，在日記上寫下心得：保持積極的心態。

積極的心態使艾倫跨越了失敗的羈絆，重燃希望，在工作低谷中創造出輝煌。這是所有成功者的祕訣，採取積極的行動，化危機為轉機，眞正抓住機會。任何問題都有其積極面，無論工作還是生活，難免會有不如意，如果沒有積極的心態較難應對。很多人在遇到這種情況後，會急忙把事情推給別人，殊不知，他在拒絕困難的同時，也將機遇關在了門外。

擁有積極的心態，分析問題產生的各種因素，做出前瞻性的預測，儘量使事情往好的方向發展，會是一個成就事業的機會，機遇一向喜歡與困難結伴而行。

積極的心態，是成功的起點，是生命的陽光和雨露；消極的心態，是失敗的泉源，使人受制於自我設置的某種陰影。

第 16 條

# 擁有別人沒有的力量

過去的生活仍然在今天延續，儘管你對許多事情抱怨不已，祈求著、期望著生活變得更好，但你又不敢想、不敢做，無法相信自己，生活依然一動不動，甚至遺棄了你。如果你希望改變自己的命運，就應該相信自己，決心為自己的生活付出努力，才能成為真正的成功者。

# 1 做獨一無二的自己

我自己就是航船的船長，只會領導不會服從。

——史帝夫・賈伯斯

企業需要靠自己的方式來完成發展之路，創新很難用金錢買到。蘋果有其獨特之處，模仿蘋果，並不能讓你成爲和它一樣成功的市場精英。這除了讓蘋果和賈伯斯覺得自豪外，別無他用。

創新的關鍵是什麼？不少老闆認爲，技術、研發費用是關鍵。賈柏斯卻認爲，錢不是主要問題。二〇〇六年，微軟在研發上的投資爲六十億美元；隔年，又提高到七十五億美元。蘋果在研發上的投資比微軟少許多，但是獲得的收益並不少。因此賈伯斯諷刺的說：「這就表示並不是什麼東西都可以用錢買得到的。」

二〇〇一年九月，蘋果推出iTunes音樂商店，供下載音樂；一個月後，音樂播放器iPod問世。這種組合在當時是十分不可思議——不論是硬體產品iPod，還是軟體產品iTunes，對外界來說，都是完全封閉的體系。

最初用戶只能在電腦上播放一張張的CD，將它轉化成MP3格式，再透過iTunes導入到iPod中。有聲音質疑iPod：「這個價格昂貴的小東西，能否成爲打破當時音樂播放器格局的產品？」

爲了解決將音樂從CD導入iPod的麻煩，賈伯斯充分利用蘋果的iTunes，推出網路應用音樂商店，用戶可以直接在商店購買和下載歌曲，並透過iTunes傳入iPod中，單曲可以出售，不必購買整張專輯，每支歌曲售價〇．九九美分，這使付費數位音樂逐漸成爲網路娛樂的主流。也就是說，蘋果爲用戶提供的是軟體和硬體，內容則由各大唱片公司提供。

iPod的成功，開啓「軟體＋硬體平臺」的先河。它創新的不只是某一款軟體或某一種硬體，而是開創一種全新的商業模式，並打破傳統「由不同廠商製造不同零件，組裝在一起，形成完整的機器，並由另一方提供運行的軟體」模式。這意味著遊戲規則的變化：一個「技術創新」驅動的時代徐徐落幕，繼而開啓的是一個「應用創新」時代的大幕。

賈伯斯沒有等太久，他選擇的方向的魅力已呈現出來。如果說iPod＋iTunes只是「產品＋內容」模式的探路石的話，那麼iPhone＋Apple Store的模式就是眞正的巔峰，只是Apple Store用公布軟體開發套件（SDK），網羅更大規模的第三方軟體開發群體。結果顯而易見，在經濟危機時，幾乎所有廠商的營業收入和盈利都下跌，唯獨蘋果的銷售增長了百分之十二。

你可以不用蘋果產品，但不能阻止它的流行；你可以不喜歡蘋果產品，但不能否認iPod、iPhone的影響力。蘋果何以能笑傲江湖？答案很簡單：蘋果做到了獨一無二的自己。

有人說：「生活就像一面鏡子，你對它笑，它就對你笑；你對它哭，它也對你哭。」希望每個人都能用積極的想法來面對生活，雖然不能保證凡事心想事成，但會改善我們的生活。

成功者和失敗者最大區別，在於是否相信自己。相信自己，決定你成功與否，並賦予你的人生許多重大的意義。許多人依靠運氣或得過且過的態度生活，一直從事不是自己喜歡的工作，不求有功，但求無過，生活平淡無奇。難道這就是你要的生活嗎？

過去的生活仍然在今天延續，儘管你對許多事情抱怨不已，祈求著、期望著生活變得更好，但你又不敢想、不敢做，無法相信自己，生活依然一動不動，甚至遺棄了你。如果你希望改變自己的命運，就應該相信自己，決心為自己的生活付出努力，才能成為真正的成功者，才能改變自己的生活，發掘出你的潛能，做一個獨一無二的自己。

# 2 挺起胸膛，咬緊牙關

如果沒有人想幫我們的話，那麼我們就只好自己來做了。

——史帝夫・賈伯斯

中國有句話：「求人不如求己。」當你沒有辦法說服別人幫你時，要靠自己的力量爬上岸。要知道，最可以、最值得依靠的還是自己，靠自己的能力和力量，才能安然脫離險惡的環境。

常聽到上年紀的人說，「如果我一開始就努力，即使遇到挫折，仍然照著志向去做，這時恐怕已頗有成就了。」這種悔不當初的懊喪，是因爲年輕時的意志不堅。成功最壞的敵人，是以沮喪的心情懷疑生命。做事情靠的是勇氣、有自信和樂觀的態度。失意時，恐懼、懷疑、失望的想法會來搗亂，使你喪失意志，讓多年來的計畫毀於一旦。

老搬運工拉著一板車沉重的鋼管來到陡坡，望而卻步，認爲靠自己一個人不可能上得去。這時，有個熱心人走了過來，對他說：「我來幫你。」說著，捲起袖子，到後面推車。有人幫忙，老搬運工信心大增，用力拉著車，熱心人在後面不停喊著：「加油！加油！」終於上了陡坡。老

搬運工向熱心人表示感謝，熱心人說：「不用謝我，你應該感謝自己。我的手有嚴重的關節炎，根本使不上力，我只是在後面喊喊加油而已。把車子拉上來，全靠你自己。」

美國著名小說家普拉格曼，高中沒有畢業，在他的長篇小說獲獎典禮上，有記者問他：「請問你成功的轉捩點在何時何地？」他認爲既不是童年母親的教誨，也不是少年某位老師的栽培，而是「第二次世界大戰期間，在海軍服役的那段生活。」他說：

「一九四四年八月的一個午夜，艦長下令由一位海軍下士駕一艘小船，趁著夜色送身負重傷的我上岸。不幸，小船在那不勒斯海灣中迷失了方向，掌舵的下士驚慌失措，差點要拔搶自殺。我勸他：『你別開槍，我有預感，雖然我們在危機四伏的黑暗中漂蕩了四個多小時，孤立無援，我還在流血，但我認爲，即使失敗也要有耐心，不要墜入絕望的深淵……』沒等我把話說完，突然從前方岸上射向敵機的高射炮的爆炸火光照亮了海面，這時我們才發現，小船離碼頭還不到三海浬。那夜的經歷一直留在我心中。這個戲劇性事件讓我知道，許多事被認爲不可更改、不可逆轉、不可實現，大多是我們的錯覺，是這些『不可能』把我們的生命圍住了。我們應該對生活抱有信心，永不失望，即使在最黑暗、最危險的時刻，也要相信光明就在前頭。」

普拉格曼的成功，在他相信自己一定能走出困境。我們不要做情緒的奴隸，應該控制自己的情緒，無論情況多不順利，都要努力支配環境，把自己從黑暗中拯救出來。當一個人有勇氣從黑暗中抬起頭，後面便不會再有陰影了。

# 3 要學會說不

敢對一千件事情說「不」，能確保你不誤入歧途以及避免無謂嘗試。

——史帝夫・賈伯斯

賈伯斯重回蘋果後，開始檢視產品線，並刪減多項產品。賈伯斯認爲，企業的產品，包括人在內，都應當有其存在的價值或理由。對企業沒有存在價值的東西或人，自然沒有必要留下來。他說：「多年前，我們最具前瞻性的觀點之一，就是不要涉足任何我們不具備核心技術的領域，這樣你會被殺得片甲不留。」

蘋果能重新回到軌道，甚至稱霸電子業，正是賈伯斯的遠見。拖沓和繁冗，是企業最大的忌諱，會阻礙企業有效運行。

一九九七年，賈伯斯受命於蘋果危難之際，重返掌門，開始認眞思考蘋果的未來，他一直問自己：「市場在哪裡，市場需要什麼？」最後，他清楚的了解，今後資訊技術公司主攻的戰場不在研究室，而是消費者的右腦與左心房；科技產品不應高高在上，等消費者卑躬屈膝的來學習，

而是要積極參與到消費者的生活中，和他們一起激動、幻想和創作。

賈伯斯開始嘗試超越產品設計的局限，將創新應用到蘋果再造的各項產品中：從打破技術壁壘到開闢新業務、產品營銷，乃至價格戰……賈伯斯甦醒了，並試圖喚醒依然在自己的完美技術中沉睡的蘋果。

賈伯斯帶領蘋果團隊對消費者進行研究，驚奇的發現，消費者未必需要功能多的產品，因爲他們不會用或根本用不上。他們需要的是一個操作簡單、外形簡約時尚的產品；蘋果的產品不應該只是滿足消費者的實際需要，更要能夠滿足他們的追求。追求比需要的層次更高、更迫切。他說：「別再問消費者想要什麼了，他們並不知道自己要什麼。只有當新創服務被創造出來後，消費者才知道他們需不需要。就像彼得．杜拉克說的，需求是商人創造出來的。」

於是蘋果設計出操作簡單、外形簡約時尚的產品，而且將簡約時尚追求到極致。滿足了消費者的追求，蘋果的產品受到青睞，成爲一種消費文化。產品能成爲大眾崇尚的文化，表示這產品得到了大眾的喜愛。

賈伯斯不只在設計產品和商業營銷上，對傳統的方法說「不」，在做人方面也有一套原則：

第一，傾聽請託者的要求。即使在請託者述說的過程，已知非拒絕不可，也要凝神聽完，爲的是確實了解請託的內涵和對請託者的尊重。

第二，無法當場決定接受或拒絕時，要明白告訴請託者你要考慮，並確切說出需要的時間，

消除請託者誤以爲你以考慮當作擋箭牌。

第三，拒絕接受請託時，應顯示你對請託已給予尊重的考慮，以及你已充分了解這件事對請託者的重要性。

第四，拒絕接受請託時，應和顏悅色，最好感謝請託者能想到你，並略表歉意；切忌過於表達歉意，會讓請託者以爲你不夠誠意，因爲如果你眞的覺得很過意不去，一定會設法接受而不是拒絕。

第五，拒絕接受請託時，態度要堅定，不要被請託者說服而打消或修正拒絕的初衷。

第六，拒絕接受請託時，應說出拒絕的理由，將有助於維持彼此原有的關係。但這不表示對所有請託拒絕都必須給予理由，有時不申明理由反而更眞誠。例如：偶爾對頻頻請託者和顏悅色的說：「眞抱歉，這次我無法效力，希望你不要介意！」相信不致於產生不良後果。一旦你說明拒絕的理由，就只須重複拒絕，不要與之爭辯。

第七，要讓請託者了解你拒絕的是請託，不是他本人；亦即你的拒絕是事不是人。

第八，拒絕接受請託後，應盡可能爲請託者提供其他可行途徑。

第九，切忌透過第三者拒絕請託，這樣會顯示你的儒弱，請託者也會認爲你不夠眞誠。

# 4 棄小我，成大志

百分之九十的PDA用戶，只是在路上把資訊從裡頭調出來，他們不會把資訊放進去。不久，手機就實現了這樣的功能，於是PDA市場就萎縮到了今天的規模。所以我們決定不進入這個領域。

——史帝夫·賈伯斯

很多人看好掌上型電腦PDA的存在，但賈伯斯是對的，PDA會被手機取代，所以他毅然停產牛頓掌上型電腦，改而研發iPod這又酷又賺錢的產品。可見，眼光可以決定事業的成功與否。

網際網路的飛速進步，樂迷不必購買CD就可以聽到想聽的音樂，於是有Flash Video（flv）播放器的產生。但因儲存容量的關係，flv播放器的銷售一直雷聲大雨點小。賈伯斯站出來，他堅信，只要能突破儲存量，就一定能贏得市場，於是開始尋找符合蘋果產品創意的零件。很快的，在其他公司因成本還猶豫不決時，蘋果看中了PortalPlayer公司的技術、東芝公司的一·八英寸硬碟驅動器，並迅速簽下獨家合約。在賈伯斯拋棄短小利益的前提下、在蘋果團隊的努力下，

iPod誕生了。

我們應該學習賈伯斯的智慧，但很多人卻覺得，自己付出太多，得到的甚少；別人受益多，自己受益少。

蘇軾說：「夫君子之所取者遠，則必有所待；所就者大，則必有所忍。」意思是有道德學問修養的人，他所要達到的理想是高遠的，那就必須有等待的耐心；他所要成就的功業是偉大的，那就必須有容忍的度量。

每個人都是社會的一分子，以獨立的存在和社會相處。個人奉獻於社會，爲社會而存在；個人實現自我價值，爲自己而存在。這種關係，決定了生命價值中的社會意義和自我意義的關係。人們看重的是自我價值，但是沒有社會價值的人生又有何個人價值呢？

企業家受人仰慕，因他爲社會創造財富和安置就業；醫生受人愛戴，因他迎接新生命和挽救他人生命；法官受人擁戴，因他爲社會伸張正義……

想追求事業、有偉大抱負的人，要知道：

第一，社會是「大我」，個人是「小我」。個人在社會生活，社會爲他的生存、成長、發展提供必要條件和基本約束。個人離開社會，就不可能生存和發展。大我得不到發展，小我自然會受影響。如果個人不爲社會做出貢獻、個人行爲不能符合社會約束，那麼社會能爲個人提供的各種生存條件，也必將枯竭。

第二，社會價值是自我價值實現的主要途徑。自我價值是自我追求的滿足，社會是個人追求的物質資源、精神資源的所有者。要獲得這些資源，個人必須創造社會價值。當一個人的自我價值有利於促進社會發展時，才能從社會中獲得財富、地位、榮譽等各種資源，才有眞正的自我完善與幸福。對社會沒有價值的人、不爲社會勞動的人，必然會遭到社會的遺棄。

第三，自我價值應以有益於社會爲前提，如果危害社會利益，就會受到社會的譴責和制裁，就會喪失自我價值和幸福。一個奉獻社會的人，自己也會高尙；一個努力爲大家謀幸福的人，也會享受更多的幸福。也就是說，具有很高社會價值的人，必然具有很高的自我價值。

法國作家雨果說：「世界上最寬闊的是海洋，比海洋寬闊的是天空，比天空更寬闊的是人的心靈。」成爲具有影響力的人，就要有過人的胸懷。胸懷是人們對事物的寬容和承受力。

海洋寬闊，才能納百川；天空遼闊，才顯星光燦爛。以寬闊的胸懷面對人生、面對他人，一定會少了許多煩惱、苦悶和憂慮，增添更多的平靜、快樂和溫馨。

杭州靈隱寺有一副對聯：「大肚能容，容天下難容之事；笑口常開，笑天下可笑之人。」潛心修練自我，走出小我，融入大我。

自我修練不難，心態的調整只需在每一分鐘裡伴隨所思、所議，不斷淨化和撫慰即可。我們有時要開放小我，讓它在大我中感受博大，吸取營養；我們有時要關閉小我，讓它靜心修練、享受平靜。所謂「棄小我，成大志」，就是這個意思。

第 17 條

# 活出你的樣子

當下最重要，你要做的很簡單，凡事不要想得太複雜，過好今天，你的每一天都會很充實，就不會有虛度的感覺。活著是為了今天，今天好，以後都好。

今天是昨天的延續、明天的資本。在今天，該寫的詩，讓它充滿浪漫；該繪的畫，讓它大放光彩；該譜的曲，讓它豪邁奔放；該給予的愛，讓它岩漿般熾烈。該追求的，就大膽去追求，才不會有遺憾。

# 1 接納不完美的自己

透過探究和學習，我可以彌補不完美的自己。

——史帝夫·賈伯斯

擁有陽光心態的人，懂得接納自己。接納自己，是指對自己的特點持積極的態度，能看到自己的優點，坦然面對自己的缺點，不因優點驕傲，不因缺點自卑。這樣的人，積極、樂觀，充滿陽光與自信。

不懂得接納自己的人，眼睛只盯著自己的缺點，忽視甚至敵視自己內心的需要與感受，把自己當作敵人，與自己進行一個人的戰爭。這樣的人，久而久之，會變得敏感、脆弱、自卑、自責和沮喪，嚴重還會產生心理問題，影響工作和生活。

美國一名電車長的女兒凱絲·達莉，從小喜歡唱歌，夢想做一名歌唱家，但是她的牙齒長得很難看。一次，在紐澤西州一家夜總會演出時，她想把上唇拉下來蓋住牙齒，卻洋相百出。演完後，她傷心的哭了。這時臺下有位老人對她說：「孩子，妳很有天分，坦白說，我一直注意妳的

表演，我知道妳想掩飾什麼，但是難道這樣的牙齒就一定醜陋嗎？聽著孩子，觀眾欣賞的是妳的歌聲，不是妳的牙齒，他們需要的是眞實。張開妳的嘴巴啊！孩子，觀眾看到妳不在乎自己的牙齒，他們也會對妳產生好感。再說，說不定妳想遮掩的牙齒，還會給妳帶來好運呢！」

凱絲．達莉接受了老人的忠告，不再刻意遮掩自己的牙齒。從那時起，她一心只想著觀眾，她張大嘴巴，熱情的演唱。後來成了電影界、廣播界的一流明星，許多演員都希望學她的樣子。

但我們常像從前的凱絲．達莉，眼中只看到自己的不足，深陷自卑中。殊不知，我們已經是很幸福的人了，並不是別人接納不了我，而是我們沒有接納自己。想要別人接納你，必須從自己接納自己開始。

一個不接受自己的人，沒有人會幫助他。沒有人的幫助，人一輩子成功的機率幾乎為零。被接納不一定要有突出的優點、成就或做出別人希望的改變。自我接納，是天性。試想，你都不接納自己，不敢正視自己的問題，他人又怎麼引導你向上，你又怎麼可能成長呢？

可見，自我接納是一個人健康成長的前提。然而在生活中，的確有不接納自己的人，他們常把很多精力消耗在自我否認和排斥上，帶著對自己的諸多不滿、失望，甚至否認和拒絕自我。心理學家艾利斯說：「人經常不由自主的懷有自我否定的想法和感覺，產生自我否定的行動。這樣做非常容易，一點也不困難。」

善待自己、善待生命，是生命的基本要求，在人類身上反而變成一種難得的特質，這的確是

一件非常奇怪的事情。

世界上沒有十全十美的東西，也沒有完美無缺的人。再好的東西，總有地方比不上其他；再高尚的人，也會有弱點。你的缺點與不足可以成就自己與他人，只要利用恰當就可以化弊爲利。

李小龍被譽爲「功夫之王」，可見其武功了得，但是李小龍也有先天的缺陷。

李小龍是近視眼，必須戴隱形眼鏡。他坦誠的說：「我從小近視，所以從詠春拳學起，因爲它最適合做貼身搏鬥。」此外，他的兩腳不一樣長，右短左長，他反而充分發揮此特點，善用長左腳遠踢、高踢，如狂風掃落葉；善用短右腳狙擊或隱蔽踢法，近身踢，則腳如發炮。兩腳的不一樣長，使他擺出的格鬥姿式優美別緻，獨具特色，成爲武功流派的典型。

如果無法改變自己的不足，就去接納它、包容它；如果無法克服自己的不足，就去適應它，這樣才能踏踏實實、不驕不躁、穩穩當當的工作和生活。

無論自認做了多少不合適的事，有多少不足，從現在起，停止對自己的挑剔和責備，學習站在自己這一邊，維護自己生命的尊嚴和價值。正視自己的不足，允許自己犯錯，從中吸取教訓，不再犯相同錯誤。以建設性的態度和方法，對待自己的弱點和錯誤，試著接納不完美的自己。

# 2 活在當下

把每一天都當成生命中的最後一天，你就會輕鬆自在。

——史帝夫·賈伯斯

我們總是擔心，有一天會被死亡的陰影籠罩。如果生命只剩下最後一天，你會如何度過？一切都不會改變，除了你的內心。

把每一天都當成生命中的最後一天來過，你會從中獲得解脫。第二天，當你再睜開雙眼時，會如獲新生，這樣的幸福感是許多事物所無法比擬。你會重新審視生命的意義，讓每一天都充滿新鮮感，珍惜生命中的一切，追尋自己的夢想。

賈伯斯懂得把握當下。他將主動權掌握在自己手中，明白把握今天，不斷汲取、累積知識，學會做人做事，才能擁有明天的主動權，才能擁有抉擇明天的權利。

二〇〇四年，賈伯斯被診斷出罹患胰臟癌。二〇〇五年，他在史丹佛大學的畢業典禮演講時說，當時「我連胰臟是什麼都不知道。醫生告訴我，那幾乎可以確定是一種不治之症，預計我頂

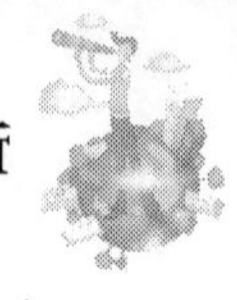

多還能活三到六個月。醫生建議我回家，好好跟親人聚一聚，這是醫生對臨終病人的標準建議。這意味著，我得試著在這幾個月內，把將來十年想跟子女說的話講完；這還意味著，我得把每件事情搞定，家人才會儘量輕鬆；更意味著，我得向眾人說再見了。我整天想著那個診斷結果。那天晚上，我做了切片檢查。我打了麻醉，不省人事，但是我太太在場……這是我最接近死亡的時候，希望也是未來幾十年內，最接近的一次。」

賈伯斯說：「提醒自己快死了，是我在人生中面臨重大決定時，所用過最重要的方法。」人赤裸裸的來，又赤裸裸的走，沒有理由不能順心而爲。「因爲幾乎每件事——所有外界期望、所有的名聲、所有對困窘或失敗的恐懼——在面對死亡時，都消失了，只有最眞實重要的東西，才會留下。提醒自己快死了，是我所知避免掉入『畏懼失去』的陷阱裡，最好的方法。」

賈伯斯積極配合治療，二〇〇四年，接受胰臟切除手術；二〇〇九年三月，進行肝臟移植。他說，他的新肝臟來自一位死於車禍的二十多歲年輕人。手術後的賈伯斯活力四射，精力充沛，好像什麼事也沒有發生一樣。

與癌症抗爭的賈伯斯，打算和對手比爾．蓋茲，展開一場新的戰鬥。他和蘋果團隊研發出**iMovie**、**iWork**等全新軟體系統，將軟體與硬體結合，發揮蘋果最大的特色……

手術後，賈伯斯重返工作，蘋果公司表示，他每星期在家裡工作幾天。這位總裁被人看見，曾出現在蘋果加州的園區，在公司食堂用餐；在部分活動中現身，包括新一代**iPod**音樂播放器發

表會、二〇一〇年一月iPad首次亮相、蘋果股東會議、iPhone新軟體介紹會。二〇一〇年四月三日，iPad開始銷售，他在家鄉帕羅奧圖的蘋果零售店，與顧客進行交談。和妻子蘿琳一起參加奧斯卡頒獎典禮。

賈伯斯面對困難，即使重病都不放棄。他深知明日可遇不可求，自己的前程只能靠現在去開拓爭取。把握當下，擁有今天才擁有眞實，把握住今天才能掌握明天。

當下最重要，你要做的很簡單，凡事不要想得太複雜，過好今天，你的每一天都會很充實，就不會有虛度的感覺。活著是爲了今天，今天好，以後都好。

今天是昨天的延續、明天的資本。在今天，該寫的詩，讓它充滿浪漫；該繪的畫，讓它大放光彩；該譜的曲，讓它豪邁奔放；該給予的愛，讓它岩漿般熾烈。該追求的，就大膽去追求，才不會有遺憾。

# 3 無畏無悔的活著

提醒自己快死了，是我在人生中面臨重大決定時，所用過最重要的方法。

——史帝夫·賈伯斯

死亡帶給人的恐懼，難以磨滅。只有自己親身經歷，才知深淺。賈伯斯罹患胰臟癌，一度以爲自己即將死去，這樣的經歷讓他明白，在面對死亡時，所有的一切都會消失，只有最眞實重要的東西才會留下，那就是活著。賈伯斯說：「沒有人想死。即使那些想上天堂的人，也想活著上天堂。」賈伯斯認爲，活著就要無畏無悔。

有位年輕人想離開家鄉，外出開創自己的前途，他心裡覺得惶恐。出發前，特地去家鄉的廟裡，拜訪一位很有名氣的老和尚，請他指點迷津。

老和尚正在臨碑練字，見年輕人前來討問前程，便隨手寫下「無畏」兩個字。老和尚沒有抬頭，只說：「人生四字祕訣，老朽先給你一半，已足夠施主半生受用。」說完又信手摹字。

年輕人頓覺失落，不甚理解的離去。

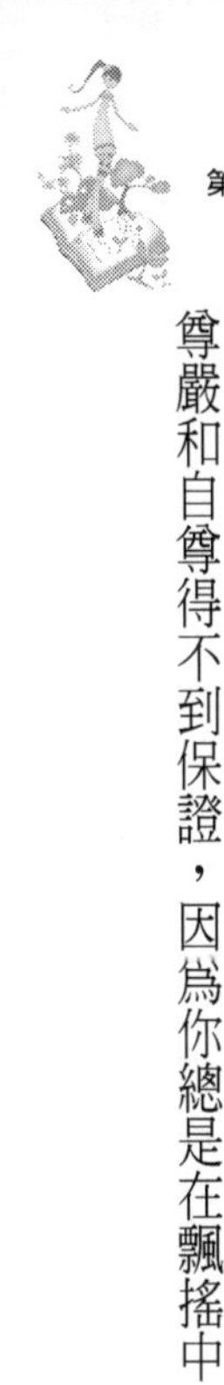



三十年後，年輕人已是中年，有了些許成就，也增添了傷心事。歸程漫漫，近鄉情怯，他又去拜訪老和尚。

但老和尚已於幾年前過世，僧人取出一個信封交給他，說：「這是師父生前留給你的。他說施主日後必然來取，請施主自行打開吧！」

他慎重的接下，拆開信封，只見紙上赫然出現「無悔」兩個字，他萬念鑽心，涕淚交加，回想自己這三十年來的得與失，竟都在老和尚的四字之間，唏嘘不已。

你可以選擇像草一樣活者，或像樹一樣活著。如果選擇像草一樣，儘管你活著，吸收雨露陽光，卻怎麼也長不高。人們可以踩著你，但不會因爲你的痛苦而覺得痛苦，不會因爲你被踩而憐憫你。

如果選擇像樹一樣活著，即使被人踩進泥土裡，你依然能繼續吸收泥土的養分，視機成長，也許兩三年長不大，但是十年、二十年後，你一定能長成參天大樹。

當你長成參天大樹，在遙遠的地方，人們就可以看見你。走近你，你能給人一片綠色、一片陰涼，你能幫助人；即使人們離開你，回頭一看，你依然是地平線上一道美麗的風景。

當一棵樹，活著是美麗的風景，死了是棟梁之材。活著、死了都有用。

一個人只爲別人而活會很麻煩，每個人的標準不一，一旦沒有了自己堅持追求的東西，你的尊嚴和自尊得不到保證，因爲你總是在飄搖中。

那什麼是保持尊嚴和自尊最好的方法?那就是擁有夢想。賈伯斯說:「我有很棒的經驗,充沛的活力,再加上一點『夢想』,而且我不怕從頭開始。」從最基本的步驟開始追求。當你決定要做什麼之後,就要堅定的做下去,切忌見異思遷。

你可以像河流,越流越寬闊,千萬不要再去想變成另一條河,或變成一座高山。有了目標,生命就不會搖擺不定,這樣你才能夠做成事情。賈伯斯相信必須鎖定正確的目標,把熱情投注在最愛,自然就會有回報。

這就是無悔無畏的活著,一生都不會遺憾。

第 18 條

# 人生要學會的技巧

我們對生活有太多的幻想，想隨心所欲，追求美好的生活。在家庭、工作、愛情、友情等方面，都有我們擺脫不了的責任，即使我們很想自由的去做想做的事，卻是現實不允許、生活不允許。現在我們背負了太多的責任、太多的不能夠，每每想任性去做一件事的時候，心中總會有個聲音提醒自己，這件事不能這麼做，會造成怎樣的後果。這就是責任。

# 1 調整思維方式

如果當年我沒有休學，沒有去旁聽那門書寫課，麥金塔就不會有這麼多變化的字體。

——史帝夫．賈伯斯

人們遇到事情通常不願意後退一步，認爲後退是懦弱的表現。這是一種誤解。

要知道，退一步海闊天空，人生就像棋局，退讓才可能得到進一步的機會。這樣的選擇的確不容易，也因此你在此後獲得的一切進步，才顯得更有價值，執拗於不肯退讓的境地，你所得到的只有失敗的結局。

賈伯斯說：「如果當初我沒有離開蘋果，就不可能有NeXT與皮克斯，也就沒有現在蘋果占領市場的機會。」

我們經常會遇到不順心的事，如失戀、未升遷、財物被盜等。如果這時我們不能放開心胸，不僅不能成功，反而是自尋煩惱，導致情緒消沉，生活無趣，甚至出現心理疾病。如果這時我們

能採取「退一步」的想法，調整看問題的角度，改變思維，或許能心平氣和，使不順心的事很快消失，進而感到生活處處充滿陽光。

所謂「放下」，是一種自我調節心理平衡的思維方式。

生活中難免遇到不如意、與意願相違的事，這時改變周圍環境來適應自己，或改變自己來適應周圍，都可以克服這些事所造成的心理不平衡。

改變周圍環境來適應自己，需要他人的協助、充分的人力物力保證；一個事實形成後，其結果往往無法改變，所以這種方法大多是不可取。而改變自己來適應周圍，讓自己參與其中，使問題得到妥善解決；在一個事實形成後，改變自己看問題的角度、改變原有「以我爲中心」的思維方式，往往能減輕或消除心理壓力。

失戀是痛苦的。有人即使在對方明確告之已不愛了，兩個人不可能有結果了，仍不死心，整日糾纏，期望改變對方，甚至走上絕路。這時如果冷靜、沉澱下來，好好想想，是有益的。

試想，努力得到一個不愛自己的人有什麼好結果？與其如此，長痛不如短痛。再說，世界上適合你的不可能只有一個，爲何不尋覓更適合、更愛你的人呢？退一步，站在對方的角度想，既然不想愛你必有其理由。戀愛要考慮現在，更要考慮將來。或許對方已另有打算，或許你倆個性不合，或許兩人有緣無分。明知沒有好結果，就好好的分手，還是可以做朋友，讓彼此今後的生活多一條路。

生活中處處有陽光，但總有照不到的地方。

假如這次你未能升職，可能會情緒消沉，怨天尤人，甚至出現心理疾病。這時若「退一步」來看問題，或許能改變你的生活。試想，這次升職名額有限，還有許多人和你一樣該晉級都沒有升。主管必須顧全大局，這次沒有你的分，下次可能第一個會考慮你。

生活豐富多采，對每個人都公平。

人的一生都在苦苦尋找自由和安全感，唯有放下欲望，才能獲得眞正的自由。賺錢本身不會產生痛苦，把自己的幸福交給外在的財物，才是扼殺喜悅和安寧的元凶。欲望使人無論得到多少都不滿足，不能欣賞自己，只是不斷貪圖那些奴役自己的東西。

人類能將高山移走、登陸月球，但對如何讓自己找到幸福的問題，卻非常茫然與無助。所以要區分什麼是自己的眞實渴望，進而放下不必要的需求。

放下與選擇，變換思維角度，改變對事物的認識和判斷，是以退爲進的思維方式。掌握這種思維，適當運用於生活中，在「山窮水盡疑無路」時，盡現「柳暗花明又一村」。

# 2 肯定自己

我的目標一直不是光製作好的產品，而是建立起一家偉大的公司。

——史帝夫．賈伯斯

里德學院孕育了賈伯斯的藝術和設計理想，這所學校以極大的胸懷包容賈伯斯，他休學了，沒有被趕出校門，賈伯斯因此成了學校的名人。

賈伯斯從不懷疑自己，即使那個時候他已經計畫休學。二〇〇五年，賈伯斯對史丹佛大學畢業生演講時說：「我的父母是工人階層，他們把所有存款都花在我的學費上。六個月後，我看不出念大學的價值到底在哪裡，我也不知道這輩子要做什麼，也不知道讀大學對我有什麼幫助，而且我為了讀大學，花光父母畢生的積蓄，所以我決定休學，相信船到橋頭自然直。當時，這是讓人害怕的決定，卻是我這輩子做過最好的決定。」

每個人應當從小就看重自己，在別人肯定你之前，你先得肯定自己。人是為活而生，不是為死而生！即使死神叫我們明大走，今天也要好好活下去。我們要不斷進行自我肯定的練習，可以

改變我們對生活的態度和期望。

在肯定自我的同時，要始終保持實事求是的態度。運用自我肯定要遵循以下原則：

第一，要以現在時態而不是將來時態進行肯定。應該說：「我現在很幸福。」不要說：「我將來會很幸福。」

第二，要在最積極的方式中進行肯定。肯定所需要的，而非不需要的。不能說：「我再也不偷懶了！」而是說：「我越來越勤奮，越來越能幹了。」這樣可以保持創造積極的思維。

第三，肯定詞越簡短越有效。肯定應該是傳達出強烈情感的清晰陳述，情感傳達越多，給人的印象越深，像是「我眞棒！」

第四，進行自我肯定時，努力創造出相信的感覺，創造出一種它們已經眞實存在的感覺。

自我肯定可以默不作聲的進行，或可以大聲說出來，也可以在紙上寫下來，甚至可以歌唱或吟誦出來。每天持續進行有效的自我肯定練習，就能逐步抵消許多年的思維習慣。

每天對著鏡子說：「我在工作領域是出類拔萃的」；「我有足夠的時間、能力、智慧來實現美好的願望」；「誰說我比別人差，我們能進入同一所學校，就證明我不比別人差」；「每天我都要激勵自己去實現人生目標」；「我建立了積極、健康的自我形象」；「我找到了自信、熱情的自我」等。

「從跌倒的地方站起來飛揚」系列演講，是作家劉墉全家一起完成的有聲書，裡面收錄劉墉

多年來在各地的精采演講，也是他對年輕人最有激勵作用的演講，更是他每次到中學演講時，堅持要講的題材。

作家劉墉在演講中，由《尼采語錄》、王國維的《人間詞話》談起，認爲人生應該經過「駱駝、獅子與嬰兒」三個階段，進而談到如何超越與生俱來的許多弱點、如何超越時間空間的藩籬，最後則以生動的實例，談到人生是一連串不斷的超越，而且要在超越中創造個人的風格，肯定自己是天地間不可或缺的存在。劉墉認爲，創造個人風格的人，能夠發揮生命最大的光亮，肯定自己存在的價值。因此在爲人處事中，肯定自己很重要，能讓你在人際關係中，不會迷失自己，勇往直前。

每一條河流都有自己的生命曲線，長江和黃河的曲線絕對不一樣。但是每一條河流都有共同的目標，那就是奔向大海。

遇到困難時，不管是衝過去還是繞過去，只要你肯定自己能過去就行。

你應該讓自己像長江、黃河一樣，流到夢想的盡頭，進入寬闊的海洋，使你的生命變開闊，使你的事業更輝煌。

你的生命有時候會是泥沙，儘管你也跟著水一起往前流，但是由於你個性的缺陷、面對困難的退步或膽怯，你可能慢慢的會像泥沙一樣沉澱下去。一旦沉澱下去，也許你不用再爲前進而辛苦，但是卻也永遠見不得陽光。因爲你沉澱了下去，上面的泥沙就會不斷的把你往下壓，最後你的世界將是暗無天日。

不管你現在的生命是什麼樣子，一定要有肯定自己的精神，哪怕被汙染了也能洗淨自己；要像水一樣，不斷的積蓄力量，不斷的衝破障礙。當你發現時機不到的時候，把力量累積起來，有一天時機來臨的時候，你就能夠奔騰入海，成就自己的生命。

第 19 條

# 打敗你最大的敵人

人的一生會面臨許多挑戰，我們是否經常問自己：「我如果去嘗試全新、沒做過的事，結果將會是什麼樣？會成功嗎？」這種想法本身就是與成功作對的敵人。這個「成功的敵人」讓我們想的是：「如果我失敗了，怎麼辦？」而放棄努力。抓住機遇，才能捕獲希望；勇於接受挑戰，才能擁有成功。因此唯有不斷肯定自我、戰勝自我，永不放棄，才能有所突破。

# 1 超越自己，放飛夢想

電腦是我們所能想到的最出色的工具，蘋果電腦相當於二十一世紀人類的自行車。

——史帝夫．賈伯斯

春去秋來，花開花謝，茫茫塵世中的你我渺如煙雲，卻都擁有獨特的自我。

人生道路無法一帆風順，會經歷成功與失敗、歡樂與痛苦。我們要堅信「困難是強者的進步之階，弱者的不測之淵。」在磨練中持續追求的人，才能獲得成功的歡樂；歷經艱險的人，才會體驗生活的美好；爬到山頂的人，才能體會「一覽眾山小」的情懷。

人生的痛苦與歡樂，都是成長過程的環節，我們必須親身去領略和體驗。每個人都有夢想，有的人在挫折面前，保持樂觀向上，堅強面對；有的人面對困難和失敗，選擇逃避。但逃避無法解決問題，逃避只會讓你變成弱者，不敢面對困難的懦弱者。

拿破崙說：「我最大的敵人就是我自己。」所以我們必須要有勇氣超越自己。

曾有人問：「自然界，誰的力氣最大？」回答各式各樣。

有人說是大象，牠可以把大樹連根拔起；有人說是鯨魚，牠可以頂翻一艘遠洋巨輪。實際上力氣最大的是螞蟻，牠可以舉起比自己體重重十三倍的東西。其他動物都在想如何超越別人，而螞蟻所超越的是自己。

我們從螞蟻的執著，可以悟出超越自我的人生眞諦。人最容易超越自我，但最難超越的也是自我。人外有人，天外有天。不要老想著超越別人，搞得自己心力不濟，一事無成；要以昨天的自己爲對手，不斷超越自我。只有超越了自我，才懂得怎樣去衡量別人的價值；只有超越了自我，才明白如何接納自己以外的一切。

過去已成爲歷史，我們把它裝進行囊，小心認眞的說：「那是童年。」今天和明天才是眞正該走的路，於是我們大聲宣布：「這是花季！」將懦弱扔給童年，成熟寫給花季，微笑著和往事乾杯，而嶄新的一切，都將從一個輝煌的起點開始，也就是超越自我。

年輕人要勇敢面對自己，才是眞正的勇者。如果總是模仿別人，將一無所有。我們要大膽的做自己，用有限的時間去做無限的事情，讓有限的生命煥發出無限的光彩。我們有奮鬥的權利，透過奮鬥實現人生價值的機會，進而充實自己、展示自己。

請相信自古不變的眞理：超越自己是通向成功的道路。我們要在人生的戰場，縱橫馳騁，需用血和汗爲動力，用奮鬥爲手段，去譜寫自己人生輝煌的篇章。

# 2 能適應，就能隨心所欲

適應困難者、叛逆者、麻煩製造者，格格不入的人、用不同角度看事情的人……他們會改變現狀，推動人類向前進步。儘管有些人視他們為瘋子，我們看到的卻是天才。

——史帝夫．賈伯斯

時代的發展，決定了人們的生活方式在發生變化，遵循這種改變，你才能找到成功的機會。賈伯斯被蘋果解僱後，成立皮克斯公司，因爲他看到視覺上的直接刺激，比起書本中透過思考來獲得認知，更能得到社會的認同。能掌握這種觀念上的變革，不斷尋求改變，企業才更能掌握市場的脈動。

環境是我們無法改變的，你能做的就是和它成爲朋友。面對生存的環境，如果我們沒有改變環境的魄力，也沒有利用環境的能耐，就只有適應環境了。大多數人只能把自己定位在凡人，絕不願意讓自己成爲庸人。

一個平凡人成功與否，主要看他和生存環境的融合程度。如果環境是一杯水，人類就是一匙

即溶的咖啡；如果人類是一塊冥頑的石頭，就很難得到社會的認同。

我們必須學會適應環境，生活在乾旱少雨地區，就得學會節約用水，忍受風沙肆虐；生活在高原，就得適應缺氧的反應，放慢節奏；生活在荒郊山野，就得忍受荒涼、寂寞和不方便的生活條件；生活在鬧市，就得習慣噪音、汙染、堵車、擁擠，在人山人海裡尋找自己的空間，在水泥叢林裡開發自己的人生。

適應意味著對自己的改變，同一個環境裡生活著許多人，每個人的個性、志趣、學識、能力都不相同，對環境的要求也千差萬別；社會環境的變化發展，不以我們的主觀意志爲轉移，常超出我們習慣的生活軌道。

世界不在我們的掌握中，但命運卻掌握在自己手中。我們常不得不改變自己，讓自己融入環境中，與生存環境和諧共存。因此許多人都想改變自己，也試著改變過，但不是堅持不了，就是改變了沒有明顯效果而放棄。缺點依然是缺點，不足依然是不足，與環境的矛盾更加尖銳，本該即將到手的成功卻遠離而去。

無法改變環境，也無法適應環境的人，只好淪爲庸人。他們除了隨波逐流外，也有人根本不想改變自己，這些人沉醉於自己的優越感裡，自認通曉一切，看透一切，無所不知，無所不能。他們有屈原的清高，卻沒有他的決絕；有陶淵明的憤世嫉俗，卻沒有他的隨鄉問俗；有魯迅的狷介激進，卻沒有他的通變達觀。所以在同樣的環境裡，別人能趨利避害，過得游刃有餘，他們卻

處處坎坷，到處碰壁，終日牢騷滿腹、怨天尤人。

大多數人都處在非常尷尬的環境中，一方面渴求成功，不得不融入社會，適應環境；另一方面又想儘量擺脫世俗的擠壓，爭取更大的個性空間。在兩難的選擇中，大多應該有所改變，否則很難生存和發展。這種改變是進退自如、動靜由心的自信與實力的展現。

然而，有些東西是無法改變和放棄的，那就是人格和尊嚴、勇氣和信念。所以我們在適應環境的同時，不能失去自我，應保持獨立完美的人格。

北京大學教授季羨林面對十年文革的艱苦環境，沒有放棄文學，他拖著勞累的身體，繼續創作翻譯印度史詩《羅摩衍那》等著作。在當時的環境，很多人怕被批鬥而放棄原本的工作，季羨林堅持了下來，還獨樹一幟。由此可見，在適應環境的前提下保持自我，其重要性不可小覷。

總之，想要立足社會，首要條件就是適應環境。生活態度像磁鐵，不論我們的思想是正面或負面，都會受到牽引；而思想就像輪子，使我們朝特定的方向前進。雖然我們無法改變環境，但可以改變心境。

# 3 必須懂的接受批評

我常在面談中故意打擊對方，批評他們以前的作品……我想看他們在壓力下會是什麼樣子。我想知道他們究竟是會退縮，還是會對自己的成就，有堅定的看法與信念，非常引以為傲。

——史帝夫．賈伯斯

賈伯斯被迫離開蘋果，受到媒體、同行的關注。有位很早就開始追蹤蘋果的分析師認為，賈伯斯在被迫離開蘋果的歲月裡，從一個純粹的理想主義者，變成一個戰略上的現實主義者，並保持他在技術設計、營銷方面的完美主義。

賈伯斯失敗了，他會接受外來的批評，反思該如何審視眼前的問題，這是一種巨大的力量。很多人不敢坦然接受批評，是他們生命中最大的敵人，將給他們的事業、人生帶來致命的障礙。

人們喜歡被誇獎，不喜歡被批評。有時別人的批評，不是對你不滿，而是對你做的事不滿，別人的批評是對你為人處事的建議，並不是無中生有的挑剔。善意的批評可以讓你知道自己有哪

些不足和缺點，以便逐步彌補和改掉，完善自我。

有一次，愛德華．史丹頓稱林肯是「一個笨蛋」，因爲林肯干涉了他的業務。有一次，爲了取悅一個自私的政客，林肯簽發一項命令，調動某些軍隊。史丹頓拒絕執行林肯的命令，還大罵林肯簽發這種命令是笨蛋的行爲。當林肯聽到史丹頓說的話之後，他平靜的說：「如果史丹頓說我是個笨蛋，那我一定就是個笨蛋，因爲他幾乎從來沒有出過錯。我得親自過去看一看。」

林肯果然去見史丹頓，他知道自己簽發了錯誤的命令，於是收回成命。只要是誠意的批評，是以事實爲根據且有建設性的批評，林肯都非常歡迎。

試想，如果有人罵你是「一個笨蛋」，你會怎麼樣？

卡耐基認爲：「你和我也應該歡迎這類的批評，因爲我們甚至不能希望我們做的事，有四分之三正確的機會……愛因斯坦是世界上最有名的思想家，也承認他的結論有百分之九十九的時候都是錯的。」羅契方卡說：「我們敵人的意見，要比我們自己的意見更接近於實情。」

當你習慣這麼想時，你就離眞正的完美很近了。但人無完人，我們對這點總是很難做到。

卡耐基承認，很多次他都知道這句話是對的。可是每當有人開始批評他，只要他稍不注意，就會馬上本能的爲自己辯護。卡耐基說，每次他這樣做的時候，就覺得非常懊惱。我們都不喜歡被批評，但希望聽到別人的讚美，也不管這些批評或讚美是不是公正。人類不是講邏輯的生物，而是感情動物。我們的邏輯就像一隻小小的獨木舟，在又深又黑、風浪又大的情感海洋裡漂蕩。

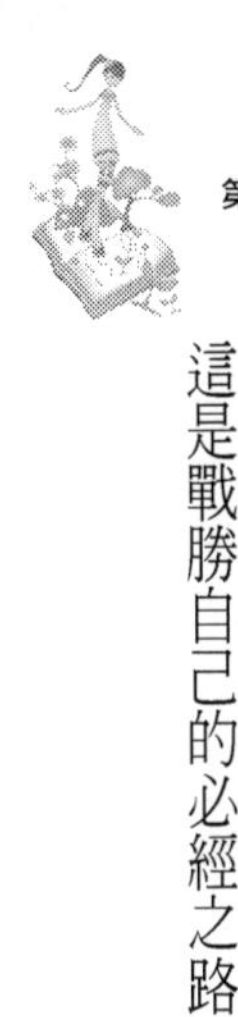



因此接受批評是一種最難培養的習慣，也是你精神上最大的敵人。

如果有人批評你，先不要替自己辯護。你要與眾不同、要謙虛、要明理、要去見批評你的人，要說：「如果批評我的人知道我所有的錯誤，他對我的批評一定會比現在更嚴厲許得多。」我們要依靠自己贏得別人的喝采。

事實上，沒有人喜歡被批評。在內心深處，我們都明白，批評是提高成績、了解實情，並避免災難性決定的關鍵，但這是件痛苦的事。提出批評需要勇氣，接受批評需要更大的勇氣。能在事後感謝批評者的人，非常偉大。

那麼，面對批評，你應該持什麼樣的態度？虛心的接受、小心的選擇、衷心的採納。

李特爾是十八世紀德國地理學開創人，他慷慨提拔年輕的批評者——佛勒貝爾的故事，感人至深。李特爾不嫉恨、不打擊這位魯莽的批評者，還把那篇批評文章推薦給著名的學術刊物，而且李特爾本人在公開發表的評論裡，對這位年輕學者的敏銳頭腦、真摯思想，大加讚揚。後來佛勒貝爾來到柏林，李特爾熱情接待他，幫忙安排他極爲需要的工作。一位受人尊敬的學術權威，如此對待一位毫不客氣的批評他的後輩，是否會使那些害怕，甚至敵視批評的人汗顏呢？

西方諺語說：「恭維是蓋著鮮花的深淵，批評是防止你跌倒的拐杖。」聽慣了奉承的人，狂妄自大，虛心接受批評的人，才能改正缺點，修練自己。所以我們要養成虛心接受批評的習慣，這是戰勝自己的必經之路。

# 4 拒絕純粹的理想

一直以來廣告都極為重要，其重要性僅次於技術。我的長遠理想就是讓所有人都能夠使用電腦。對我而言，這表示一定要透過廣告向公眾宣傳這些電腦。

——史帝夫．賈伯斯

理想和現實，是放在天平兩端的物體，一方偏斜，就會造成失衡。每個人都有理想，每個人必然生活在現實中，你的理想是個人的，現實可能涉及更多的人，因此你沒有理由將個人的理想強加到現實中，這對其他人不公平。你要平衡理想和現實，不要過於執著自我的理想，要考慮現實問題，才是最好的解決方法。

理想是隨時代變化而變化的話題。許多人對理想產生困惑，經濟發展了，物質生活豐富了，人是不是就可以陶醉於物質享受呢？精神追求還有沒有意義？什麼樣的人生才是幸福？

這一連串的疑問擺在面前，能不能正確的解決，就看你的人生觀、世界觀如何，就看你有沒有遠大的理想，並且明白理想來自於現實。

一個人沒有遠大的理想，就會一輩子活在功利中，只看到眼前的蠅頭小利，他的人生必然毫無光彩。人活著就要有抱負、有理想，不管目標實現起來多艱難，這樣才能活得充實，活得有滋有味。每個人都要有遠大的理想，這是追求進步的動力。一個國家、一個社會、一個民族、一個人，都不能沒有理想，理想是靈魂的寄託。在資訊時代，沒有知識將寸步難行。如果沒有理想、沒有靈魂、沒有動力，怎麼掌握知識？沒有知識，談什麼物質享受，談什麼幸福生活？

那麼要用什麼標準來要求理想呢？

第一，理想要遠大、正確、超越性。遠大就是要有實現人生價值、造福社會的宏偉目標；正確就是不爲權、不爲錢；超越性就是不爲眼前小利，防止庸俗的人生觀玷汙夢想的翅膀，要明辨是非，走上光明磊落的人生旅途。

第二，理想要立足現實，避免只說不做。遠大理想與立足現實結合，理想經過努力來實現，無法實現的就不叫理想，那叫空想。理想要自己去實現，不是擺設給別人看，所以要立足現實。理想可以分步實現，不必一步到位；也可以根據不同的情況，如原來定的目標過高或過低、志趣改變、具備的條件充實或減弱等來修正。修正奮鬥目標，與「見異思遷」、「這山望見那山高」是不同的兩碼事。

魯迅最早學開礦，以爲這樣可以使國家富強起來；後來看到礦工身體都很虛弱，就改學醫，以爲讓國民的身體健康，國家就會富強。他到日本學醫，在電影裡看到外國人打中國人，有中國

留學生還喊萬歲，讓他無比震撼，覺得應該要先把國人的思想治好，國民的靈魂強健了，祖國才能強大，於是他的學習目標又改爲學文。魯迅的理想和祖國的利益緊密相關，這就是立足現實，他終於成爲中國現代文化的旗幟，爲喚醒廣大人民的覺悟做出貢獻。

青年魯迅，兩易其遠大理想，爲你我樹立立足現實的榜樣。在複雜、多元的社會，理想當然不能是單一的。每個人都有自己的興趣愛好，都有服務社會的特殊模式，都有自己的特長，不可能千篇一律。所以我們在樹立遠大理想、選擇一生奮鬥的目標時，不要離開現實生活，不要離開個人具備的條件，不要離開自己的長處和強項，否則理想將有變爲「空想」的危險。

脫離現實的理想是空想，立足現實的理想才能實現。

## 5 不妨再多做一些

實在是做得太棒了，讓我們再多做些吧！

——史帝夫．賈伯斯

二〇〇八年二月，賈伯斯接受《財富》雜誌訪問時說：「Mac的市場占有率每季都有增長。我們的增長速度是整個同業的四倍，而且我們正保持著這個勢頭。我們把英特爾微處理器放了進來，我們不僅可以跑Mac軟體，還可以運行PC上的應用程式。更重要的是，人們終於意識到，他們沒必要再忍Windows了，他們還有另一個選擇。我認爲在此之前，從未有人這樣想過。」

賈伯斯十分勤奮，每當大家覺得已經很好了，他總是會繼續做一些事情，使事情到了無可挑剔的地步。勤奮是賈伯斯成功的關鍵。人爲什麼會失敗呢？那是因爲懶惰的緣故。懶惰會消磨你的意志，會讓你得過且過。懶惰是你最大的敵人，當你想偷懶的時候，不妨對自己說：「不如再多做一些吧！」

每個人都想獲得成功，走向輝煌，但這並非易事，要成功就必須勤奮努力。

王沛被美國史丹佛大學錄取，並提供全額獎學金攻讀博士，她有今天的成績，和勤奮努力分不開。她讀小學時，每天放學回家，除了完成老師交代的作業外，還要擠時間攻克爺爺出的數學難題。她給自己定下規矩：除星期六，其他天的晚上都不看電視。她勤奮努力的學習，時常鑽研到深夜。

有人很有天分，但不勤奮也會變成碌碌無為的人。

王安石的《傷仲永》提到，方仲永五歲能詩，人們紛紛請方仲永作詩，他的父親覺得有利可圖，就讓他放棄學習，帶他到處吃喝玩樂，最後詩才枯竭，「泯然眾人矣」。可見，一個人想成才必須勤奮努力，必須有永無止境的求知欲。

達文西說：「鐵不用會生鏽，水不流會發臭，人的智慧不用會萎縮。大腦這部機器如果不經常運轉，就會成為一團廢鐵。」所以，一個人想成功，離不開勤奮，所謂「一勤天下無難事」。

愛迪生說：「大成就來自長期的勤奮。」成功與勤奮密不可分，成功是勤奮的結果，勤奮則是成功的必備條件。成功的關鍵在於勤奮，一分辛勞一分才，勤能補拙是良訓。

古希臘有位演說家叫德摩斯帝尼，他從小口吃，登臺演講時，聲音含混，發音不準，常被對手壓倒。他不氣餒、不心灰，為克服這項弱點，戰勝對手，他每天口含石子面對大海練習朗誦，春夏秋冬，五十年如一日，連爬山、跑步時也在做演說，最後成為希臘最有名的演說家。

天生有聰明才智的人，後天不注意培養，不勤奮、不學習，終究不會成功！

愛因斯坦上學的成績並不出色，老師甚至說他是「智能低下的人」。但他毫不氣餒，勤於學習，上了三個月又被迫離開學校，他沒有失去信心，最後成爲舉世聞名的科學巨匠、大發明家。

勤奮像一支梭，使你的智慧越積越多；懶惰像一把鎖，鎖住你大好的前途，鎖住你人生中所有的光輝。做任何事情，做好了再想想，是否需要再多做一些？

第 20 條

# 走在創業的路上

創業過程，經常是每走一步都會遇到困難，感到困難的威脅，有人會感嘆太累、太難，成功太遙遠。但抱怨不能解決問題，人生下來，注定要和困難打交道，或是困難吞沒懦夫，或是強者征服困難。每位成功者都有一段辛酸的苦難征服史。

# 1 最重要的不是錢

金錢並不是最重要的，我不是為了錢而工作。

——史帝夫．賈伯斯

賈伯斯認爲，創業是和困難、失敗爲伍。在困難、失敗面前，很多平庸之輩都低下了頭顱，少數不甘心失敗者，才能忍受挫折，奮力拚搏，創造新輝煌。在波濤洶湧的商海中，沒有一個創業者可以隨便就成功。遭遇挫折或失敗是很平常的事，這也是創業者必須越過的分水嶺。

有三隻蛤蟆不小心掉進鮮奶桶裡。

第一隻蛤蟆說：「這是神的意思。」說完，盤起後腿，等待著。

第二隻蛤蟆說：「這桶太深，沒有希望了。」沒多久就被淹沒了。

第三隻蛤蟆說：「儘管掉到鮮奶桶裡，我的後腿還能動。」說著，奮力往上跳起，時而在鮮奶桶裡滑動，時而奮力往上跳，慢慢的，牠覺得後腿碰到了硬硬的東西，原來鮮奶在蛤蟆後腿的攪拌下，慢慢變成了奶油。有奶油的支撐，這隻蛤蟆終於跳出了鮮奶桶。

對待逆境的心態不同，結果也會大不同。年輕人創業難免會掉進鮮奶桶裡，這鮮奶桶或許是資金問題，或許是市場問題，或許是其他問題。但這些都不是阻礙創業的因素，要堅持下去，只要能夠動手就應立刻行動，在行動的過程才能找到更好的方法，才更有可能成功。

賈伯斯被蘋果趕出來後，面臨第二次創業，他矛盾的心理如他自己所說：「我不是個以權力爲導向的人，我非常關心蘋果公司。我成年後生活的大部分時間，都投入到製造偉大的產品和建立偉大的公司中，所以我將盡我所能促進蘋果的成長。如果那意味著我必須去打掃樓梯，我就會去打掃樓梯；如果那意味著我必須去清潔馬桶，我也會去清潔馬桶。」

事情發生時，必須強烈的思索你的內在價值——什麼對你是眞正重要的。事情發生太快時，你可能沒有時間仔細思考，它會擾亂你的思緒。一九八五年，賈伯斯被逐出蘋果，經歷了兩個階段：第一階段是被貶，第二階段才是眞正離開。說上面一番話時，是一九八五年六月底，賈伯斯正處於被「貶」的時期，他還心存幻想，想繼續留在蘋果。

最後賈伯斯選擇第二次創業，沒有留在蘋果。在當時，錢對他來說，是一個很重要的問題。當時的賈伯斯並沒有迷失方向，他明白自己最重要的是立即行動起來，不論前方還有什麼倒楣的事情等著他。

任何人創業，困難會接踵而至，不要寄望親友，他們也許可以幫你解決一兩個難題，但更多的困難會在路口處等你，沒人會幫你扛下所有困難，你必須獨自去面對，這是成功必須的經歷。

# 2 創業要保持誠信

我絕對不會說服顧客去買他們不願意而且覺得不夠好的蘋果產品。

——史帝夫・賈伯斯

「誠信」這兩個字，非同小可，不可小覷。人無信不立，業無信不存，國無信不興。誠信與否，不只是個人問題，家國都離不了它，金融市場更是如此。想創業，就必須堅守誠信。

無論市場如何變化，誠信始終是現代市場經濟的生命線，是企業從事產銷活動的必要要素，有著金錢無法衡量的價值。所以市場的經濟既是競爭經濟，也是誠信經濟、法制經濟。要知道，良好的社會信用體系，是建立和規範市場經濟秩序的重要保證。

賈伯斯說：「我們不能欺騙客戶，更不能完全聽從客戶。要知道，我們的企業目標是什麼，是創造那些客戶需要但表達不出來的東西。」

誠信尤爲重要，不只是說說而已。對企業來說，如果缺乏信用將付出不少的代價：

第一，信用缺失使社會的交易成本大增。六成多的企業經營者認爲，商場上跟人打交道「需

要提防」；三分之二以上的企業經營者，在購買原材料和生產設備時，都要「經過調查再買」，或「直接去生產廠家購買」；而選擇「直接去市場購買」、「參加展銷訂貨會」、「朋友介紹」等方式的比重，占百分之一到百分之十二・七。

第二，信用缺失使新的更快捷、更現代化的交易方式得不到發展，而制約了新經濟的成長，最後導致企業長時間處於虧損狀態，甚至關閉。

第三，已成家常便飯的拖欠貸款、合約糾紛等信用缺失，讓人不敢投資，影響民間投資的啟動，更讓企業因此遭受重大損失，把有限的資源消耗在這些本來就無法帶來經濟收益的活動中。如果社會缺乏誠實和信用，就不會有健康的市場環境，企業也就沒有能讓它充分發展的外在環境，相信這點對在創業的年輕人會有所教益。守信遵約的商人越多，社會經濟就越會往文明的方向發展。

做事要成功都要持之以恆，要獲得別人的信任也是如此。因此可以說，誠信是創業者的第二生命。金錢損失了還能賺回來，一旦失去了誠信，就很難挽回。

市場經濟是信用經濟。產品市場、資本市場和金融市場，都是以信用做支撐的平臺。企業講效益沒有錯，那講誠信會不會影響企業的利益？很多人把這兩者看成是矛盾關係，其實不然，這兩者應相輔相成。

古人說：「君子愛財，取之有道。」企業是「公民」，也應取財有道，要講社會責任，要為

消費者、爲社會服務，從提供優質服務的過程，獲得回報。由此可知，誠信是現代企業的立業之本，對創業者更是如此。人要遵循誠信的原則，企業公民同樣要遵循。不道德的逐利，置社會、雙方利益於不顧，不是企業存在的長久之道，最終嘗到的只會是自己種的惡果。

# 3 找合適的人一起奮鬥

當公司變得越來越大時，他們會想著複製最初的成功，大部分人會不知不覺的認為，流程有某種魔力可以取得成功。所以他們開始在公司裡把流程制度化，不久，人們會困惑的認為，走流程就是工作本身，這最終導致了IBM的下滑。

——史帝夫．賈伯斯

一個企業想要獲得長期穩定的發展，只靠一位優秀的管理者是不夠的。即使優秀如賈伯斯一樣的人，也會面臨退休等問題。因此任何公司，無論小大，都需要找合適的人，及早建立完善的接班人培養制度，以確保企業能夠長久發展。

尋找並培養繼任者，是賈伯斯接下來的工作重點。管理者要建立一套培養接班人的制度，並且付諸行動，幫助企業避免在長期發展過程，遇到管理人才斷層的尷尬。

任何企業都需要找合適的人來組建合適的團隊，一個人不可能面面俱到，不可能將一個企業做大，甚至不可能讓它盈利。

創業者能夠成功，並不是自己一個人的本事。試問下面情況是否在自己身上發生過：

- 不認爲團隊對自己有幫助，即使接受過也認爲這是團隊的義務。
- 遇到困難喜歡單獨蠻幹，不喜歡和團隊成員溝通交流。
- 好大喜功，專做非自己能力範圍內的事情。

創業者如果以上面的態度對待共事的團隊，其前途必是黯淡。創業者要讓自己融入團隊，才能取得成功。而要融入團隊先要有強烈的團隊意識，不要以爲自己是領導者，就什麼都由自己決定，要和狂妄、自視清高、剛愎自用等堅決道別，代之以眾志成城、齊心協力的團隊意識。

一家公司應徵高階主管，九名優秀者經過初試，從數百人中脫穎而出，進入老闆的復試，最後錄取三人。老闆看過他們的詳細資料和初試成績，相當滿意。

老闆把九個人隨機分成甲、乙、丙三組，指定甲組三人去調查該市嬰兒用品市場、乙組三人調查婦女用品市場、丙組三人調查老年人用品市場。老闆說：「我們要錄用的人主要是負責開發市場，所以必須對市場有敏銳的觀察力。讓大家調查這些行業，是想看看大家對新行業的適應能力。因此每個成員務必全力以赴！」

老闆隨後補充道：「爲避免大家盲目展開調查，我已經叫祕書準備了相關行業的資料，你們走的時候，自己到祕書那裡拿！」

兩天後，九個人都把自己負責的市場分析報告，送到老闆那裡。老闆看完後，站起身，走向

丙組，和他們一一握手，並祝賀道：「恭喜三位，你們被錄取了！」

老闆看了看他們疑惑的表情，笑著說：「請大家打開我讓祕書給你們的資料，互相看看。」原來，每個人拿到的資料都不一樣，甲組拿到的是該市嬰兒用品市場過去、現在和將來的分析，其他兩組類似。

老闆說：「丙組三個人，懂得借用彼此的資料，補全整組的報告。甲、乙兩組卻分別行事，拋開隊友，自己做自己的。我出這樣的題目，最主要的目的，是想看看大家的團隊合作意識。」甲、乙兩組失敗的原因，是他們沒有相互合作，忽視隊友的存在！要知道，團隊合作精神是企業成功的保障！

無論上班族還是創業者，都要有團隊精神。老公司也好，剛創業的新公司也罷，都要注意激發團隊的激情。把團隊的激情激發出來，才能使團隊持久穩定發展，使團隊壯大起來。

既然要創業，就要有團隊，要選擇合適的人來加入。俗話說：「三個臭皮匠，勝過一個諸葛亮。」商業社會競爭激烈，賺錢的行業早已人滿爲患，競爭對手眾多，若只靠自己單槍匹馬闖天下，難度可想而知。即使你深諳經營之道，也需要有人在關鍵時刻幫你一把，所以你需要適合的創業夥伴與你一起打天下。

創業是件痛苦又很幸福的事，也是十分嚴肅的事，選擇夥伴要謹慎。創業最重要的，不是資金的投入，而是團隊的投入，謹記一點，如果你想贏的話，找合適的人，組建合適的團隊。

# 4 給人才一個舞臺

當你招到了真正的人才，你就必須讓他們分擔一部分生意，並且充分放權。

——史帝夫．賈伯斯

管理者不要總是說身邊沒有人才，那是你不懂得用人。賈伯斯是管理高手，擅長合理的利用資源，尤其是人才。如果你是一個專業的領軍將帥，就會擁有一支專業的隊伍，優秀的人才會成爲這支隊伍的成員，「人盡其才」就是這個意思。如果你不懂得用人，人才的知識和才能將得不到充分發揮，人才優勢不能及時轉化爲效益，對剛創業的你來說，將會是重大的損失。

天才是在某一領域的天才，而不是全才。要懂得給他們合適的舞臺，讓他們去自由發揮，你才能得到你想要的。賈伯斯說，蘋果是一個給人才提供平臺的地方，但是這個平臺不是普通的平臺，因爲蘋果懂得每個人適合做什麼，並讓他們在適合的位置上發揮最大潛力。

一九九八年，蘋果的運營只能用「一團糟」來形容：庫存量大、製造部門效率低。一九九七年，蘋果損失超過十億美元。這對有多年庫存管理、製造和分銷運作經驗的庫克來說，並沒有到

絕望的地步。庫克曾在IBM工作十二年，負責PC部門在北美和拉美的製造、分銷運作。之後，他曾任批發商Intelligent Electronics公司電腦分銷部門的首席營運長。

賈伯斯把庫克從康柏電腦公司招進蘋果，擔任資深副總裁，主管蘋果的營運業務。上任後，庫克第一件事就是對蘋果業務進行大筆的帳面削減，讓供應商把零件保留在自己的倉庫，而不是蘋果公司。庫克藉此機會，關閉了蘋果在世界各地的工廠和倉庫，成功的降低蘋果的庫存，使庫存在蘋果資產負債表上原本存在的時間，迅速從以月計算降為以天數計算，有時甚至低到只有十五個小時。

賈伯斯說，人才的管理，講究的是價值的創造，給他一個舞臺，讓他充分發揮，所以有更多優秀的人才願意來蘋果，願意留在蘋果打造屬於自己的一個沒有天花板的舞臺。庫克的成績，證明了賈伯斯的管理是正確的。

一九九八年九月二十五日，蘋果只維持著六天的存貨量。到了一九九九年底，庫克進一步把天數擠壓為兩天和兩千萬美元。這種出色的運營天賦，讓庫克在蘋果的地位穩步上升。二〇〇〇年，蘋果的銷售意味著要和零售商、其他Mac經銷商打交道。有著多年分銷經驗的庫克，更能勝任這項任務，賈伯斯又把蘋果的全球電腦銷售和客戶支持部門，交由庫克負責。庫克堅持由蘋果自己訓練銷售人員，讓這些訓練有素的銷售人員，替換經銷商門市的雇員。

這可稱得上是蘋果零售店的開路先鋒。二〇一二年六月，蘋果在全球擁有三百六十三家零售

店，這些零售店僱用Specialists（蘋果專家）、Creatives（創意顧問）、Emuses（蘋果天才）和Concierges（客戶服務專員），爲顧客提供充分發揮Mac電腦和iPod效用的各種良方。二〇〇五年十月，庫克被任命爲蘋果的執行長。

對人才的問題，不光是待遇問題，更重要的是，能不能創造實現自己的價值。

如果一個人才到你的企業是爲了薪水，這樣的人來不來都無所謂。你應該要了解的是他爲什麼而來，要給他實現價值創造什麼條件。你的企業一定要提出來，像是屬於研究型的人才，你就給他研究性的課題、研究性的手段與支持；是專業的領軍、團隊人才，你就給他配置一個團隊，專門在這方面提供發展的空間。你要抓重點人才，給他舞臺。透過一個人才可以凝聚一個團隊，把你的企業需要的人才，從數量、質量和團隊建設上全面發展起來。

「給人才一個舞臺，就是給自己一個盈利的陣地。」這句話一點都不假。創業者一定要謹記在心。

# 5 把一件事情做透

> 我們全都選擇了在這輩子來做這樣的一件事情。所以這件事情最好能夠他媽的做好一點。它最好能夠物有所值。
>
> ——史帝夫．賈伯斯

猴子在玉米地收玉米，剛掰下一根，覺得前面的更好，於是扔下手裡的去掰另一根；另一根到手，覺得還有更好，又扔掉手裡的去掰「更好的」，不知不覺，猴子已走到了玉米地的盡頭。這時天色已晚，牠只好慌張的隨便掰一根，回去一看，竟然是根爛玉米！

我們都笑猴子太傻，如果換了你，又會怎樣？

猴子犯傻是因爲玉米有外皮層層包著，裡面如何不易判斷；且太多玉米擺在面前，形成誘惑和干擾。只有一根玉米時，你會剝開來仔細觀察；兩根玉米，你會放在一起比較；滿眼的玉米，你就分不清誰是誰了。高矮胖瘦，相差無幾，掰了這根就要放棄那根，你到底要哪根？

一九九九年，蘋果推出第二代iMac，賈伯斯重新定義電腦的外形，他讓人們知道，電腦除了

實用外，也可擁有獨特、炫目的外形。iMac有紅、黃、藍、綠、紫五種顏色，賈伯斯說：「它讓你想舔上一口。」

賈伯斯的創意在於與眾不同，當市場上充斥各種顏色的播放器時，蘋果推出純白、薄得像張卡片的iPod，再次引領風潮。

有了賈伯斯，意味著創意無處不在。當你還在痴迷五顏六色的電腦時，那對賈伯斯已經是過時了。有了賈伯斯，你永遠猜不到電腦會變成什麼樣。

二〇〇八年，當賈伯斯從一個牛皮紙袋拿出MacBook Air時，你會想到它是電腦嗎？賈伯斯的創意，又重新定義了筆記型電腦的外形。

當蘋果推出只有一個按鍵、完全採用觸控螢幕技術的手機時，賈伯斯說：「iPhone是一款讓你一見鍾情的手機。」

二〇一〇年，iPad的誕生，再次顛覆了人們對電腦的印象。電腦可以顏色多樣，可以放進牛皮紙袋裡，還可以是一個平板螢幕。

但千萬不要以爲，擅長經營的賈伯斯的眼光，就只會停留在這四百九十九美元上，iPad採用的是和iPhone一樣的操作系統，購買iPad的用戶想擁有更多、更有趣的功能體驗，就要從Apple Store下載軟體。

面對蘋果的產品，千萬不要覺得稀奇，因爲賈伯斯一輩子都在研究怎麼抓住群眾的目光、如

何引領時尚、如何與眾不同、如何讓產品占領市場。

很多人做事千辛萬苦開了頭，卻沒有堅持下去，一輩子都在追尋、選擇，等到發現快走到人生盡頭，才像掰玉米的猴子，隨便應付了事。

廣泛涉足，難免蜻蜓點水。重要的不是決定要做什麼，而是決定不做什麼。不做什麼是爲了等待那要做的事情，一旦決定要做，就一定把它做透。

# 6 保持絕對的專注

我們花了很長時間，討論到底購買哪種機器，最後，我們討論了很多關於設計方面的問題。

——史帝夫·賈伯斯

賈伯斯無時無刻不在思考，他會在採訪過程走神，會在購買產品的問題上聯繫工作問題，他幾乎生活在瘋狂的狀態中，你無法知道，他究竟何時想到的是工作以外的東西。

成就事業的人，大多有偏執的毛病。賈伯斯認爲，這就是專注的結果。當你專注於某一項工作時，就會不由自主的將它和一切聯結起來，保持這種專注，它是促使你成功的力量。

專注就是集中精力、全神貫注、專心致志。專注是一種精神、一種境界。「把每一件事做到最好」、「咬定青山不放鬆」、「不達目的不罷休」，就是這種精神和境界。

賈伯斯說：「人們以爲專注的意思，就是你必須對關注的事情點頭稱是。錯！專注的全部內涵在於你要敢於說『不』；專注就是要拒絕自己的欲望，必須對另外一百個好點子說『不』！」

賈伯斯的理念很簡單，太多公司把攤子鋪得太大，大量生產產品，以降低風險，最終流於平庸。蘋果是把手中所有資源集中在幾樣產品上，並且讓它們卓爾不群。蘋果嚴格淘汰過去的暢銷產品，在推出**iPod nano**當天，便放棄了炙手可熱的**iPod mini**。

賈伯斯很注重專注精神，他也一直這麼執行著。

古往今來，各行各業成功的祕訣是什麼？每個人的回答可能不一樣，但是成功者都擁有一個共同的特質，那就是專注！

專注就是集中精力做好一件事；專注就是長時間的全力以赴；專注就是一心一意持續不懈，不達目的絕不罷休。科學家幾十天甚至幾百天，重複著一個實驗，是專注；學生每天上八節課，每節課都能認眞聽講，是專注；外科醫生在手術臺前一站幾個小時，也是專注。

愛迪生專注於尋找燈絲，爲人類帶來光明；比爾．蓋茲專注軟體的開發，造就了微軟帝國；居禮夫人專注從小山似的礦石中提煉放射性元素，最終發現了鐳。

一個專注的人，把時間、精力和智慧凝聚到所要做的事情上，發揮最大的積極性、主動性和創造性，努力實現目標；尤其在遇到誘惑、遭受挫折時，他們不爲所動，勇往直前，直到最後成功。一個心浮氣躁、朝三暮四的人，不可能集中時間、精力和智慧，做什麼事情都只會是虎頭蛇尾、半途而廢；缺乏專注的精神，即使立下凌雲壯志也不會有大收穫，因爲「欲多則心散，心散則志衰，志衰則思不達也。」

專注是激情，激情是動力。要專注於某一事業，就要眞心熱愛這事業，傾心於這事業。只有眞愛，才能眞正專情，才不會在各種風潮面前左右搖擺，才不會發出「外面的世界很精采，這裡的世界很無奈」的感慨，才不會朝秦暮楚，跟著無法確實的感覺走。

專注是自信，自信是豪氣。要專注於某一事業，就要充滿自信，不能瞧不起自己，堅信「天將降大任於斯人也」，堅信自己從事的事業「風景這邊獨好」。堅信才能經得起各種風吹雨打，經得起失敗挫折；堅信才能鍥而不捨，百折不撓；堅信才不會遇到困難就灰心喪氣，半途而返；堅信才不會隨波逐流，在世事紛擾中迷失自我。

專注是膽識，膽識是魄力。要專注於某一事業，就要敢於放棄，敢於有所爲有所不爲，敢於攏起指頭握成拳。這樣你才不會得隴望蜀，這山望著那山高，才不會戰線拉得過長，才能挖深井者得甘泉。

專注是清醒，清醒則不迷惘。要專注某一事業，就要保持冷靜和清醒，清醒評估自己，一日三省吾身。要清醒選定目標，切忌「人心不足蛇呑象」，這樣才能專注於適合自己的目標，才能更好的克服「常立志，不踐志」的問題。

難也專注，成也專注。在世事喧囂、紅塵滾滾中靜下心來，專注於某一事業，不受其他欲望誘惑的擺布，並不是一件容易的事，這意味著放棄很多機會，意味著遭遇很多困難，但是也只有如此才能成就於天地之間，這樣的人生才不失爲智慧人生。

第 21 條

# 清楚的認識自己

很難想像，一個不會獨處的人，可以和人愉快的相處；一個聽不到自己心靈的人，可以感受到別人的想法；一個不尊重自己的人，可以尊重他人。

我們通常會想怎樣才能和人愉快相處，會反問自己為什麼和人做朋友很難，卻忽視了最重要的一點，那就是成為自己的朋友。只有成為自己的朋友，才能了解自己，和諧的與人相處。

# 1 和自己做朋友

天底下只有你（史考利）能了解我。

——史帝夫·賈伯斯

一九八五年，賈伯斯被趕出自己創辦的蘋果，他選擇以旅遊來緩解傷痛。他從巴黎前往義大利中部的托斯卡尼山丘，他買了一條睡袋、一輛自行車，白天獨自騎車，晚上在果園野營。沒有人認識他，他就這樣騎著自行車跑過義大利的小山城。

六月，賈伯斯到了瑞典，他的態度已經成熟了許多。他要休息一下，像很多遭受到失敗打擊的人一樣，誰都無法幫助他。賈伯斯說：「那段時間，我就是自己最好的朋友。如果我沒有幫助自己，我想自己或許已經放棄了。」

生活中不是事事都能如願，人應該從不完美中體會另一種快樂。當一個人不以外在物質的價值做為評價標準時，才是眞正富有的人。不要輕易去評價自己，當生活中有忙不完的事情時，心中微小的聲音是不容易聽見的。

跟自己做朋友，永遠做自己最忠誠的朋友，這樣可以不受時間、地點和空間的限制，可以在烈日當空下閉目遐思，可以置身於熙熙攘攘的鬧市中左顧右盼，可以在鳥聲啾啾的幽林中陶冶心靈，可以在急速行走中回味生活，當然也可以在閉目養神中享受清閒。

心中有自己，面對自己的心靈，就是在和自己相處、和自己對話。學會與自己快樂相處，看似簡單，實則不易。遇到挫折時，我們所能做的就是積極面對，而不該捂著傷悶悶不樂；永遠不要可憐自己，那樣只會越發感到生活的無助。

弗朗克畢業於聞名世界的西點軍校。在一次軍事演習中，手榴彈炸傷了他的左小腿，醫生不得不把他的小腿截掉。退伍幾乎成了不可避免的結局，讓他更傷心的是，他失去了昔日在棒球場上的勇猛勁頭。在以後的球賽裡，他只能用棒擊球，由別人替他跑壘。他想用自己的勇氣來改變這項缺陷。

有一天，在他將球擊出後，他推開了替他跑壘的隊友，忍著傷痛，一瘸一拐的跑了起來。他閉上眼睛，頭朝前的滑入三壘。

裁判員喊出「安全」的口令時，弗朗克露出勝利的笑容。幾個月後，他向上級請戰，帶領一個中隊到一個地形複雜的地方演習，並圓滿的完成任務。他知道，儘管他身上有不可克服的生理缺陷，但他再也不用離開自己熱愛的軍隊了。

後來弗朗克升為四星上將，還能跑步。得知他創造的奇蹟後，記者前來採訪他。他說：「失

去一條腿，讓我明白，一個人受自己缺陷的限制可大可小，完全取決於自己如何看待和處理它。關鍵是應該注意發揮自己的長處，而不是老記著自己的缺陷。」

假如弗朗克面對左小腿被截去的事實，一心想著自己不再是個健全的人，就只能退出軍隊，離開心愛的球場，無可奈何的拖著殘軀度過此生，就絕不可能升為四星上將，也不可能在球場上再顯英姿，創造令人敬佩的奇蹟。

越不敢獨處的人，依賴性越強；越缺乏自立性和獨立性，越害怕孤獨。很難想像，一個不會獨處的人，可以和人愉快的相處；一個聽不到自己心靈的人，可以感受到別人的想法；一個不尊重自己的人，可以尊重他人。

我們通常會想怎樣才能和人愉快相處，會反問自己為什麼和人做朋友很難，卻忽視了最重要的一點，那就是成為自己的朋友。只有成為自己的朋友，才能了解自己，和諧的與人相處。

把精力集中在自己的優點上，不要花太多時間和精力去計較他人對你的評價，也不要總想著自己的缺陷，這點很重要；找出自己身上別人沒有的優點，然後圍繞這些優點建立自己的生活；不一定要豐功偉績，一些小事情也可以是我們生活中的重大成就。

碰到煩惱或不順心的事情，不要鑽牛角尖，要學會往寬處想。成功和如意組成生活，失敗和沮喪也在生活中不可缺，因此要學會從兩者之間，尋找幸福和快樂的泉源。生活中有很多細節，用耐性慢慢去體會，如果能和自己成為朋友，相信你會過得很開心。

# 2 給自己一個定位

我也不斷問自己：如果有一天皮克斯成功了，我們會不會也犯下盲目的錯誤而不自知？當我開始執掌皮克斯後，我立志我們要成為不一樣的公司。

——史帝夫．賈伯斯

一九九八年，賈伯斯給皮克斯的股東一封信：

「因爲個人原因，今年我一直很忙碌，去年夏天，有人請我重整蘋果電腦。十二年前，我參與創辦這家公司，因此這是一項我難以推卻的邀約。

「雖然蘋果電腦幾乎耗盡我下半年的所有精力，幸好皮克斯的營運，並沒有因此出現異常狀況。我們要讓擁有超過四百位員工的皮克斯，成爲世界第二大的動畫公司。」

一九九八年，是賈伯斯勝利的一年。這一年，他無往不利，蘋果上演大翻身，皮克斯依然耀眼；皮克斯製作的動畫電影《蟲蟲危機》，榮獲第三座奧斯卡小金人。

賈伯斯一直知道自己要做什麼，他給自己的定位，是將皮克斯打造成世界第二大動畫公司，

並且堅持到底。這是他對公司的責任態度，也是他對自己事業和人生的明確方向。

我們不要讓浮躁的心態，毀了自己對人生定位的把握，用做人做事的方式，定位正面的社會形象。職業定位決定人生，我們必須懂得選擇中有所放棄的道理。

同樣是孜孜不倦的爲工作、爲生活奔忙，但不同的人得到的成就卻有天壤之別。有人在談笑之間功成名就，事業順風順水；有人則一直在原地打轉，很難突破。這主要原因就在於，你是否爲自己準對定位。

定位就是尋找一個適合的位置。不想活得糊塗、渾噩，就要學會先給自己定好位——能做什麼、想做什麼、怎樣去做、成爲什麼樣的人。不能走到哪兒算哪兒，懂得定位就可以理性追求更好的生存狀態，才能把命運的主動權握在自己手中。

那麼如何給自己定好位呢？

首先，面對各種誘惑，要做到在選擇中有所放棄。定位是一個選擇與放棄的問題，學會選擇需要敏銳的眼光、清晰的認識；學會放棄需要澈悟的智慧、割捨的勇氣。善於選擇，勇於放棄，就能清除干擾，爲自己的定位找到正確的方向。

其次，要把職業定位放在決定人生成敗的重要位置。一個人事業發展的高度，決定其在社會上的生存地位，所以職業定位關乎人一生的前途。

許多人選擇職業時，被太多的隨意性和偶然因素所左右，讓不適合自己發揮潛能的職業、職

位束縛一生。能以明確的職業定位開始職業生涯，等於是走上了成功人生的順風路。

再者，要做到高點定位與低點起步相結合。高點定位是爲自己定位時把位置適當調高，可以增強自信，提高生存層次。但是不要走向極端，以致好高騖遠，要在充分了解自身、了解現實的基礎上，做到低點起步。

最後，不要走向自我定位的誤區。有人在自己定位時，常以賺大錢、做大官爲標準，苦苦鑽營、疲於奔命，最後在爲金錢患得患失、爲權力鉤心鬥角時而失去太多東西。

事業上的定位固然不可少，但不應是生活的全部，在給事業定位前，要先給自己的生活狀態一個正確的定位。

人生諸多方面都需要從定位起步，定位準確了，生存之路就少了許多滯礙。

美國有一座黑人教堂的牆上刻著一句話：「在這個世界上，你是獨一無二的。生下來你是什麼人，這是上帝給你的禮物；你將來能成爲什麼人，這是你給上帝的禮物。」

生成什麼樣的人，你無法選擇；將來成爲什麼樣的人，則由自己來創造，這就是自我定位。

自我定位是在清楚認識、了解自己以後，確立自己將來在社會上所處的位置和大概的行動方向。蘇格拉底說：「認識你自己。」象徵著人類很早就開始自覺的認識自我。

法國哲學家笛卡爾提出「用心靈的眼睛去注意自身」，也揭示了人的自我認識及對自我認識發現的途徑。

定位是自我管理的起點，有了正確定位後，還要按照定位所既定的道路走下去。對沒有行動力、不能約束自己的人來說，多麼正確的定位都於事無補。

記住，給自己一個確實的定位，並爲之持續努力。

## 3　往正確的方向前進

這些一波接一波的技術熱潮，你早在它們發生之前就能夠預見到了。你需要做的，只是精明的選擇站上哪一波熱潮的風口浪尖。如果你站錯隊，那麼你就會浪費許多精力。但是如果你走對方向，它呈現魅力的速度也是相當的緩慢。這也許要耗費數年之久。

——史帝夫・賈伯斯

賈伯斯說：「蘋果唯一的方向就是創新，你要知道，消費者爲什麼要你的產品，這是一個最好的方向，你朝著這個方向走，永遠錯不了。」

蘋果員工都知道，賈伯斯對產品的設計，有很苛刻的要求，這表示賈伯斯不僅將蘋果當作事業，還將蘋果當作他人生的方向。他用自己的生命在上面行走，這就是賈伯斯，這樣的賈伯斯怎會不成功呢？

漁夫每次捕漁前都會立下誓言：市場上什麼魚價格最好就捕什麼魚。偏偏他捕到的都不是他

想要的，好空手而歸，最後在飢寒中死去。這個漁夫有目標，但不切實際。

「如果羅浮宮著火了，你會救哪一幅畫？」很多人要救〈蒙娜麗莎的微笑〉，著名作家貝爾納則說：「我救離出口最近的那一幅畫。」理由是「最佳目標不一定是最有價值的那個，而是最有可能實現的那個。」

這些都在告訴我們，選擇目標要選最有可能實現的。因爲當你追求最有價值的目標——〈蒙娜麗莎的微笑〉，很可能還未救到畫，你已葬身火海。所以選擇最有可能實現的目標，也就是適合自己的目標。

我們的人生方向，過去是做父母最好的孩子，在學校做老師最優秀的學生，將來到社會上做出類拔萃的人。這樣的方向讓我們活得很累，因爲無論怎麼努力，都沒辦法成爲最好的。於是我們重新確立目標：做孝順的孩子、做優秀的學生、做盡職的員工。這樣的方向很實際，我們正一步步往這個方向行進，深信會有實現的一天，所以每天都很快樂。

你年輕時豪情萬丈，什麼都不怕，隨著年齡增長，每天想著房子、工作、養家餬口等，再也沒有年輕時敢於「上天探星、下海撈月」的方向。是你改變了生活，還是生活改變了你？你的思想越來越複雜，因爲有了越來越多的捨不得、越來越多的顧慮，總是在徘徊，總是在猶豫。

剛畢業一兩年，生活的重擔壓得你喘不過氣來，挫折和障礙堵住四面八方的通口，常在被壓得發揮出潛能後，才殺出重圍，找到出路。之後，身上的重擔開始減輕，工作逐漸一帆風順，你

鬆懈了下來，漸漸忘記了潛在的危險。直到有一天危機突然降臨，你在手足無措中被擊敗。

生於憂患，死於安樂。如果你想跨越目前的成就，就不能畫地自限，要勇於接受挑戰。對畏縮的人來說，真正的危險在於不敢冒險！

在社會的重壓下，年輕人的適應力越來越強，只是不自覺的習慣被環境推著走，不敢冒險，怕帶來遺憾，於是告慰自己：「我對得起自己、對得起家人，我已竭盡全力。」人要朝著目標前進才會逐漸成長，長期固守在已有的安全感中，會像溫水裡的青蛙，最終失去跳躍的本能。

把方向刻在石頭上，永遠銘記，這是人生應有的境界。在職業起步的短短道路上，想要得到更好、更快、更有益的成長，就必須堅定不移的朝著目標前進。

想在職場上獲得成功，先要堅持目標的方向。一個人起點低並不可怕，怕的是境界低。越計較自我，越沒有發展前景；越主動付出，越會快速發展。很多有成就的人，在職業生涯初期都是對既定的目標從一而終。

認清自己的方向比什麼都重要，它就像一座燈塔，讓你知道，你成功的目的地在何方。

# 4 控制自己的情緒

我知道，我很難控制自己的情緒，所以我常犯錯。現在不一樣了，我知道很多時候，我應該冷靜下來。

——史帝夫・賈伯斯

賈伯斯看起來神采奕奕，他激情四射的表演，影響著蘋果員工，也吸引無數的蘋果迷，他的一舉一動影響很多人。賈伯斯不是與生俱來有感染力，他在不同場合都擁有大師級的魅力，因為他很懂得控制自己的情緒。

情緒伴隨著人的思維而產生，情緒或心理上的困擾，是因不合理、不合邏輯的思維所造成。美國情緒管理專家帕德斯指出，平時訓練自己控制情緒的能力，養成自制的習慣，有助於在情緒發作時，擁有更好的反應能力。

有一個脾氣很壞的男孩，爸爸給了他一袋釘子，並告訴他，每次發脾氣或跟人吵架的時候，就在院子的籬笆上釘一根釘子。第一天，男孩釘了三十七根釘子。後面的幾天，他學會了控制自

己的脾氣，釘的釘子逐漸減少。他發現，控制自己的脾氣比釘釘子容易。有一天，他一根釘子都沒有釘，他高興的把這件事告訴爸爸。

爸爸說：「從今以後，如果你一天都沒有發脾氣，就可以拔掉一根釘子。」日子一天天的過去，最後釘子都被拔光了。爸爸帶他來到籬笆邊上，對他說：「兒子，你做得很好，可是看看籬笆上的釘子洞，這些洞永遠也不可能恢復。就像你和人吵架，說了難聽的話，你已在他心裡留下了一個傷口，像這個釘子洞一樣。」將刀子插在人的身上再拔出來，無論你怎麼道歉，傷口還是在那兒。

要知道，身體上的傷口和心靈上的傷口，一樣難以恢復。朋友是你寶貴的財產，他們讓你開懷，讓你更勇敢；他們隨時傾聽你的憂傷，你需要他們時，他們會支持你，向你敞開心扉。所以告訴朋友，你多麼愛他們，告訴所有你認為是朋友的人。

不能控制自己的情緒，就像是細菌傳播一樣，也會影響別人，這樣一來，你原本擁有的朋友都會離你而去。

細菌、病毒等具有傳染性，消極情緒也有傳染性，有人將這種傳染稱為「情緒汙染」。情緒是指人對環境中某各觀事物的特種感觸所持的身心體驗，是一種對人生成功活動具有顯著影響的非智力潛能素質。美國密西根大學心理學家南迪．內森研究發現，人的一生平均有十分之三的時間，處於情緒不佳的狀態，因此人們常需要和消極情緒做抗爭。

情緒變化會在生理活動中表現出來。比如：當你聽到自己失去本該到手的晉升機會時，你的大腦神經會立刻刺激身體，產生大量具興奮作用的腎上腺素，使你怒氣沖沖，坐臥不安，隨時準備找人評理或討個說法。可見，一個人想有所成就，就必須修練情緒的調控。

成功者控制自己的情緒，失敗者被自己的情緒控制。成功的人是心理障礙突破最多的人，每個人多少都會有各種大大小小的心理障礙。

世界上沒有完美的公司，也沒有完美的個人，重點是把注意力放在哪裡，是去注意優點，還是缺點。把注意力放在不同的地方，會得出不同的結果，對人產生不同的情緒。

看問題的積極面，會產生樂觀情緒；看問題的消極面，會產生悲觀情緒。很多人不由自主的會選擇悲觀，所以我們必須學會控制注意力，以調控自己的情緒。

# 5 找到你的發光點

Mac電腦就在我心裡，我只是把這想法挖出來，並轉換成產品。

——史帝夫・賈伯斯

賈伯斯有一個完美的團隊，他在其中扮演指揮者，否決或接受團隊極富創意的各種作品，指導他們努力工作，尋找解決問題的方法。

在這個團隊中，賈伯斯是絕對的指揮者，他提供創意概念和想法給團員，由他們將這些轉化成爲成功的產品。

當你擁有這樣一批出色的員工時，你就能夠完成這樣的過程。無論如何，你要先對自己的事業有足夠的想法和理解，將它投入實際中，會讓你獲得很大的成功。這就是賈伯斯說的：「把你心中的想法挖掘出來。」也就是找到你的發光點，想法就是能夠讓你發光的力量。

有的人缺乏安全感，善於發現自己的缺陷、短處和生活中不利於自己的部分，把它們拿到放大鏡下，結果嚇壞自己——既然自己如此糟糕，怎麼去跟人家比，跟人家競爭？爲了保護自己不

被可能遭受的失敗打擊（僅是「可能」），他們躲避競爭，迴避交往，結果越失去發展的機會。不斷遭受的挫折似乎又在證明：「瞧，你就是不行！」於是他們更自卑，形成惡性循環。

自卑者常覺得自我價值被貶低、被否定。這種貶低、否定可能來自於自己，也可能來自於外界的評價，甚至兩者皆是。過分自卑的人自尊心脆弱，有超出常人幾倍的自尊需求，只是他們的自尊心，缺乏穩定的內核和堅固的外殼，因此一點點小事就可能使他們受到重大傷害，使極端悲劇延續不斷……

不管壓力來自外界還是自己，我們都要獨立、堅強、理智的對待問題，不要給自己壓力。每個人都應該從自卑中走出來，找到自己的發光點。

拿破崙身材矮小，卻指揮軍隊橫掃歐洲；貝多芬失聰，竟譜出震撼人心的〈英雄交響曲〉；林肯外表醜陋，卻贏得世人的敬仰。他們不因缺陷痛不欲生，反而擁有輝煌的一生。

每個人都有長處和短處，自卑心理是自己和自己過不去。為什麼老要和自己過不去呢？你不覺得自己身上也有許多可愛、令人驕傲的地方嗎？人有一萬個理由自卑，也有一萬個理由自信！

自卑並不可怕，只要重新認識自我，透過不斷發展自我，建立獨特的人生優勢。人在厚實的生活上建立內在的自信，就不會因遭遇挫折、侮辱而輕易貶低、否定自己，也不會拿諸如「我的成績不如某人」、「我長得很醜嗎」之類的話反問自己。

一個人的某方面被認同，其他方面也會跟著沾光，所以要根據自己的性格、興趣、能力、條

件，找到被認同的發光點，並發揚光大……假如你暫時沒有發光點，更要虛心請教他人，從他人那裡獲得人生的智慧！

# 6 負起人生的背簍

就因為是我們自己的人生，所以必須把握每一次機會並全力以赴。你知道嗎？人生苦短，一旦我們做了會消耗許多時間的重大抉擇，那最好是要值回票價。

——史帝夫．賈伯斯

生活中有許多做不完的事，好像每天只有一個字形容：忙。忙得焦頭爛額，顧此失彼。在無休止的忙碌中，白髮一天天見長，皺紋一天天增多，肩頭擔子一天天沉重，因此常為生活的重負感到苦惱、煩躁、悶悶不樂。

世上本無事，庸人自擾之。人生本來就充滿酸甜苦辣，自然百味雜陳。因此無須逃避生活，在奮鬥過程保持平常心，坐看雲起，就會過得愜意。

人生是一場旅行，誰也買不到回程票，何不隨緣，不去想能不能回到出發地，或上一個車站所錯過的風景，只要用心去欣賞當下的好風光。

有個年輕人覺得生活沉重，他去見哲人柏拉圖，想尋求解脫之道。柏拉圖聽完他的述說，給

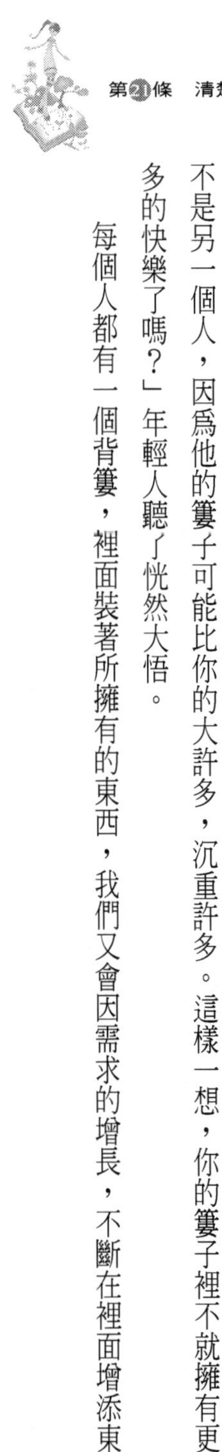



他一個竹簍，指著一條鋪滿沙礫的道路，對他說：「你每走一步，就撿一塊喜歡的石頭放進去，看看有什麼感覺。」

年輕人照著柏拉圖的話去做，柏拉圖則快步走到路的另一頭。過了一會兒，年輕人走到路的盡頭，柏拉圖問他有什麼感覺。

年輕人說：「越往前走，喜歡的石子越多，背簍越來越沉重。」

柏拉圖笑著說：「年輕人，我們每個人來到這個世界的時候，都背著一個空空的簍子。隨著逐漸長大，喜歡的東西越來越多，我們每走出一步，就會撿一樣喜歡的東西放進去，結果走得越遠，背簍裡的東西越多，這就是你覺得生活負擔越來越重的原因。」

年輕人問：「有什麼辦法可以減輕這些沉重的負擔？」

柏拉圖說：「要減輕，非常簡單，你只要把工作、婚姻、家庭、朋友等，其中任何一樣拿出來，背簍的重量就會減輕。」接著又問：「你願意把哪一樣拿出來呢？」年輕人沉默不語。

柏拉圖說：「既然難以割捨，就不要去想背負的沉重，要去想擁有的歡樂。我們每個人的簍子裡，裝的不只是上天對我們的恩賜，還有責任和義務。當你感到沉重時，也許你應該慶幸自己不是另一個人，因爲他的簍子可能比你的大許多，沉重許多。這樣一想，你的簍子裡不就擁有更多的快樂了嗎？」年輕人聽了恍然大悟。

每個人都有一個背簍，裡面裝著所擁有的東西，我們又會因需求的增長，不斷在裡面增添東

西。背簍給了我們壓力，這個壓力我們必須承擔，那是我們的責任。

人生並不是享受之旅，既然選擇了生活，就應該面對路上的坑坑窪窪，就應該勇敢背負人生的背簍。

背簍裡裝的是我們生命的歷程，是在這個世界尋找到的工作、愛情、家庭和友誼等，諸多讓我們魂牽夢繫、難捨難分的東西。就是這些捨去不了的沉重，才讓我們感到生命的豐富，才讓我們感到生命的充實，才讓我們感到生命的美好。

所以當你感受到生活沉重時，應該要慶幸與滿足。因爲沉重的背後，必然是生活的豐碩和人生閱歷的增多。人生的背簍，所承擔的永遠是幸福的重量。

第 22 條

# 讓心胸寬如大海

以平和的心態對待自己、對待他人，才能體會到人生的美妙，才會有愉快的心情。每天晚上睡覺前，記得忘記你的煩惱；早上走出家門時，別忘了帶上你的快樂。或許物質可以制約我們的生活方式，或許為生活奔波會限制我們的時間，或許有人可以控制我們的言行，但是沒有什麼能限制我們心靈的自由。

# 1 放下包袱，輕鬆生活

漸漸的，我發現，我還是喜愛那些我做過的事情，在蘋果電腦中經歷的那些事，絲毫沒有改變我愛做的事。

——史帝夫・賈伯斯

年輕人問智者：「我爲什麼這麼累？任何一件小事都會讓我心緒不寧、耿耿於懷？」

智者聽了，交給年輕人一張紙，並說：「請你舉著它。」

年輕人照做，一分鐘過去了，智者問：「感覺怎麼樣？」年輕人說：「沒有什麼，輕鬆。」

半個小時過去了，智者又問：「感覺怎麼樣？」年輕人說：「手臂有點酸。」

一個小時過去了，智者又問：「感覺怎麼樣？」年輕人說：「我的手臂都麻了。」

智者說：「你把紙放下吧！放下後，感覺怎麼樣？」年輕人說：「太輕鬆了。」

智者說：「許多事情也是這樣，你現在明白了嗎？」

生活中有許許多多的紙，你的心就這樣舉著它。放下，你就不必再承受那一張張原本多餘的

紙。放下那顆追名逐利的心，放下困擾你生活瑣事，放下生活與工作的壓力，放下一切你能放下的東西，還自己一個輕鬆清淨的空間、一片心靈的淨土、一方恬靜的園地。

放下是一種境界。有人年紀輕輕聰慧過人，在舉起與放下之間，游刃有餘；有些人到中年才領悟人生，放下後才覺得輕鬆；有些人一生都未能放下，與對塵世的怨恨、不滿糾纏一生。放下是一種領悟、一種在歷經磨難後的豁達，但有時想放下不一定能放下。

那麼怎樣才能放得下？至少要做到不過分注重名利、不計較眼前得失、有長遠的目標和堅強的意志。

放下不代表放棄，放下是丟掉生活中無足輕重的東西。飛機油量不足時，不可放棄飛行的欲望，可以選擇丟掉行囊，使順利降落。放下一點，便輕鬆無比，行動起來自然更有力。我們行動的停滯或受阻，是思想包袱太重又捨不得丟掉。只要放下心中的包袱，行動就會有如「輕舟已過萬重山」的快感。

放下包袱，輕鬆前行。對於生活，我們要積極應對，放下精神和物質的包袱，以超然的態度看待人生、創造人生、享受人生。不要因一點點與目標無關的小事，使身體和心理承受不必要的壓力。放下是爲自己打開一扇通向光明、成功的窗戶，放下是選擇一條豁然開朗的生命之路。能放下的人，必是有大智慧的人。

放下一點，就會得到更多。懂得放下的人，才是眞正懂得生活的人。

一位很有名氣的心理學教授，上課時拿出一隻精美的咖啡杯，當學生正在讚嘆杯子時，教授故意失手，咖啡杯掉在地上碎了，這時學生不斷發出惋惜聲。

教授指著碎掉的咖啡杯說：「你們一定會爲這隻杯子感到惋惜，但是惋惜也無法使咖啡杯恢復原樣。生活中也會發生無可挽回的事，請記住這隻碎掉的咖啡杯。」

這是一堂很成功的啓發課，學生透過碎掉的咖啡杯懂得：面對無法改變的失敗或不幸時，要學會接受和適應。因爲不接受也不能改變事實，我們唯一能改變的，只有自己。

人們習慣試圖抓住一些無法挽回的不幸，這些東西就是包袱。對於生活，我們要學會發現和欣賞；對於包袱，我們要懂得拋棄。

丟掉人生旅途上不必要的行李，會輕鬆些，對自己微笑，也對別人微笑。

不要因擔憂過去而錯過未來更好的機會。爲什麼要讓過失、羞恥和錯誤，繼續纏繞自己？我們要把包袱從生活中卸掉，從記憶中抹去，澈底忘記，甩掉它，選擇快樂。

快樂是人生永恆的主題。在背負沉重包袱時，要設法讓自己快樂。卸下包袱，輕裝上陣，從容等待生活的轉機，將會有新的收穫。踏過人生的風風雨雨，才能擁有成熟，活得更充實、坦然和輕鬆。

# 2 解放你的心靈

我每天早上都會照鏡子，自問：「如果今天是我生命中的最後一天，我今天要做些什麼？」如果連續幾天答案都是「沒事做」的答案，我就知道，我必須有所改變了。

——史帝夫・賈伯斯

我們向大自然爭取生存的權利，向統治者要回人身自由和政治權利的平等，但卻沒有解放自己的心靈，這種過程之所以如此艱難，是因爲禁錮我們心靈的不是別人，而是自己。

走上街頭，留心人們的表情，你會發現，不少人是愁苦與不樂。爲什麼？物質生活的富裕、生活方式的拓展，不一定會讓我們獲得心靈的平和安寧。是我們束縛了自己的心靈！不是嗎？

我們總是皺著眉頭，整天忙碌，繁雜的事情充斥大腦，緊張競爭和壓抑，使我們喘不過氣來，於是我們習慣抱怨，習慣唉聲嘆氣。殊不知，這只是一種逃避，有些東西你可以暫時逃避，但你永遠不能逃避自己。

有些事人們不去做，是認爲不可能；而許多的不可能，只存在於人們的想像中。糟糕的是，

當你認爲一切努力無濟於事時，無助感便會油然而生。挫折、失敗可能激發我們的鬥志，也可能給我們留下陰影，讓我們喪失前進的動力。人生最可怕的不是失敗，而是沒有未來！

國王把幾個兒子帶到一座大石門前，對他們說：「誰能推開這扇門，誰就能繼承王位。」王子們望著巨大的石門，紛紛搖搖頭放棄。只有小王子走過去，用力一推，門開了，就這麼簡單。

我們心裡的封條壓在心頭，看似一座大山，其實只是一張紙，輕輕一碰就破了，所需要的只是勇氣和行動而已，取而代之的，將是一個嶄新的世界。

我們習慣用頭腦來考慮一時的得失，卻忽略用心靈來衡量。在你抱怨世風日下、人情冷暖的時候，是否想到自己應該做些什麼？當你的世界只有自己的時候，孤獨不可避免。

狄更斯描述生命的意義，他說：「如果我能彌補一個破碎的心靈，我便不是徒然活著；如果我能減輕一個生命的痛苦，撫慰一處創傷，或是令一隻離巢的小鳥回到巢裡，我便不是徒然活著。」

走出自我的窩巢，對他人多些寬容、理解與關心，自己也會因此擁有更多的快樂。

有位心理學家出一道題目——假如你明天要離開這個世界：

- 你打算給親人留下一句什麼樣的忠告？
- 你最想做的一件事是什麼？
- 你最想帶一件什麼樣的東西離去？

你不妨也閉上眼睛，靜靜的想一想。或許你會給出各種答案，但這個測試並不是看你給出怎樣的回答，而在你是否因它知道給自己一些些的提醒，是否時刻去體驗生命的意義與價值。我們需要用這些假設來提醒自己，去體驗生活，感受生命。成功的人說：「如今我什麼都有了，卻很空虛，很懷念當初努力工作的情景。」他擁有的只是結果，隨著結果的擁有，也意味著過程的終結。

人生眞正的樂趣在於努力打拚，在於全心探索，心靈會因此變得寧靜。

德國精神治療專家麥可．蒂茲說：「我們似乎創造了這樣一個社會：人人都拚命表現，期望獲得成功，達不到這些標準，心裡便不痛快，便產生恥辱感。」不是嗎？急功近利的追求，使我們多了許多浮躁。人生不能缺少追求，但同時也不能忽視幸福的感受。

匆忙的人生之旅，留心路邊一朵盛開的小花，感受一絲清涼的微風，給生命添一分亮麗的色彩，不是更好嗎？

畫家客廳的正中顯著位置有一幅畫：一張被裱起來的白紙，在中間偏上的地方有一塊黑漬。大家看了不知所以，畫家解釋說：「這幅畫叫做快樂，中間這塊黑漬是痛苦。許多人都只看到這塊痛苦的黑漬，卻看不到背景裡的快樂。」

以平和的心態對待自己、對待他人，才能體會到人生的美妙，才會有愉快的心情。每天晚上睡覺前，記得忘記你的煩惱；早上走出家門時，別忘了帶上你的快樂。

或許物質可以制約我們的生活方式，或許為生活奔波會限制我們的時間，或許有人可以控制我們的言行，但是沒有什麼能限制我們心靈的自由。

## 3 理解別人和自己

我必須去理解每個人的想法，蘋果公司需要更多有想法、有創意的員工。

——史帝夫・賈伯斯

人的一生會遇到坎坷和不平，這時最需要被理解與關懷。我們習慣埋怨別人不理解自己，但自己又何嘗理解別人？我們只想到自己需要被理解，卻忽略了別人的感受。

成功如果有訣竅的話，那就是能理解他人的處境，能從自己和他人的角度看待事物。

生活中難免會遇到困難、意外與不幸，堅強的人會靠自己的力量去克服，勇敢面對。理解是溝通的橋梁，沒有理解，就不能溝通，也就談不上成功。人與人之間需要相互理解，只有相互理解、相互幫助，才能構建和諧的人際關係。

理解是相互的，當你理解別人時，也讓別人理解你。「理解萬歲」有雙重含義，一是人們需要互相理解，能得到他人的理解最幸福；二是自己要努力理解他人，理解他人是高尚的。

京劇名伶梅蘭芳深得觀眾敬重，有「白玉無瑕」的美稱。他是通情達理、善解人意的人，一

日，一則「藝人梅蘭芳賣畫」的字樣，出現在上海一家小報的廣告中，很顯然，這是有人冒梅蘭芳之名賺錢。梅蘭芳的朋友對這種惡劣行爲十分氣憤，準備去那家小報社興師問罪，找出冒名者狠狠教訓他。

梅蘭芳勸阻他們，他說，冒名者想賺錢不假，但透過賣畫賺錢也要有本事才行，估計是個讀書人，只是運氣不好罷了。朋友們從旁了解冒名者的來歷，果然如梅蘭芳所料。

無獨有偶，西班牙著名畫家畢卡索也有這樣的寬大胸懷。

畢卡索對冒充他作品的假畫毫不在乎，不追究，最多只把僞造的簽名除掉。有人不解的問他爲什麼這樣做。畢卡索說：「做假畫的人不是窮畫家就是老朋友，我是西班牙人，不能和老朋友爲難，而窮畫家朋友的日子也不好過。再說，那些鑑定眞跡的專家也要吃飯，那些假畫使許多人有飯吃，而我也沒有吃虧，爲什麼要追究呢？」

梅蘭芳和畢卡索都很聰明，因爲他們的理解，使許多人得以生存；因爲他們的寬容，人們更加敬重他們。

能站在對方的角度想問題，最可貴。理解是偉大的，它拉近心與心之間的距離，增進人與人之間的情誼，避免無意義的爭端。人與人交往最主要在是否善解人意，善解人意不光給人帶來好處，同時也會爲自己帶來尊敬。

理解是一座舒心橋，理解別人才能得到別人的理解。理解既給人帶來快樂，也讓自己免受煩

惱之苦，可說利人又利己。人與人要友好相處，不是件容易的事，要告誡和提醒自己，時常換位思考，力求做到不誤解他人、不傷及他人。

有誤解，先從自己身上找原因、尋對策，不要輕易指責對方。只要對方不是故意找麻煩、鬧彆扭，誤解是有原因的。先檢查自己是否有引起對方誤解的言行，如果有，立即找到癥結，向對方解釋清楚，保證今後多加注意；如果沒有，也不要隨意責怪對方，應採取積極適當的方法，以消除雙方的誤解。

與人交往的過程，誰都有可能誤解他人，也都可能被他人誤解。誤解給人帶來痛苦、煩惱、難堪，甚至發生始料不及的悲劇。所以陷入誤解後，必須調整自己，採取有效的方式予以消除，使自己與他人能儘快輕鬆、舒暢起來。

理解好比潤滑油，當誤會出現時，理解能有效的避免麻煩，使雙方能以微笑面對。這就是理解的力量。

# 4 英雄能屈才能伸

當人生用磚頭K你，不要失去信心。只要你真正愛你做的事情，就能繼續走下去！

——史帝夫・賈伯斯

刺蝟是能伸能屈的智慧化身。牠身處順境時，拱著小腦袋，憑著滿身硬刺，左衝右撞；當身處險境時，則縮回腦袋，團成刺球，讓敵人無隙可擊。能伸能屈，與其說是生物界的智慧，不如說是一種生存本能。伸是進取的方式，屈是保全自己的手段。人生在世，都是在反覆伸屈的狀態中走過來的。

生活或事業處於困難、低潮或逆境、失敗時，若運用屈的智慧，會收到意想不到的效果；反之，該屈時不屈，必遭沉重打擊，甚至連條性命都保不住，這樣還有什麼資格談人生、談事業、談未來、談理想？

春秋時期，越王句踐被抓去吳國當人質，給夫差做奴役。從一國之君到爲人僕役，是多大的羞辱啊！句踐忍了、屈了。他是甘心爲奴嗎？當然不是，他在伺機復國報仇。句踐到吳國，住在

山洞的石屋。夫差外出，句踐親自牽馬；有人罵他，也不還口，始終表現得馴服。

一次，夫差病了，句踐讓范蠡在背地裡打探，知道此病不久可痊癒。於是句踐去探望夫差，親口嘗了嘗夫差的糞便，然後對夫差說：「大王的病很快就會好。」

夫差問他爲什麼。句踐順口說道：「我曾經跟名醫學過醫道，只要嘗一嘗病人的糞便，就能知道病的輕重，剛才我嘗大王的糞便，味酸，稍苦，可見您的病很快就會好，請大王放心！」果然，沒幾天夫差的病好了，夫差認爲句踐比自己的兒子還孝敬，很感動，就放句踐回越國。

句踐回國後，依舊過著艱苦的生活。一是籠絡大臣和百姓，二是國力太弱，必須養精蓄銳，再圖報仇雪恥。他睡覺褥子不鋪，鋪的是柴草；在房中吊一顆苦膽，每天嘗一口，爲的是不忘在吳國所受的苦。

夫差放鬆對句踐的戒心，句踐正好有時間恢復國力，伺機與吳國決一死戰。兩國在五湖決戰，吳軍大敗，句踐率軍滅吳國，活捉夫差，兩年後成爲霸王。正所謂「苦心人，天不負，臥薪嘗膽，三千越甲可吞吳。」

學會取捨，就是學會生活。人生就如一條大河，不可能直通大海，必然會根據地勢、地貌，彎彎曲曲，之後才到達目標。人生也是如此，當人處於逆境時，或在倒楣時，要懂得委屈求全，收起鋒芒，等待時機，再創生命的高峰。要學會保護自己，以期發展自己。

歷史上有多少像句踐一樣的人，爲成就事業，實現理想，在必要時使用屈伸之術，待時機一

到，東山再起。善於使用屈伸之術，該屈則屈，該伸則伸，掌握分寸，是許多歷史人物成功的重要途徑。不和人爭一日之短長，也是「屈」的技巧。

## 5 必須懂的從容不迫

我們會在經濟衰退期裡，繼續堅持自己的投資思路。既然我們曾經花費巨大的精力，將他們招進蘋果，我們就不會裁員。我們不到迫不得已，絕不會裁員，而且我們還將持續撥款。

——史帝夫·賈伯斯

二〇〇八年，賈伯斯接受《財富》雜誌訪問時說：「每個人都曾經嘗試過爲客廳開發一個了不起的產品。微軟試過了，我們也試過了，每個人都試過了。在目前看來，我們都失敗了。所有人都試過了，所有人都以失敗告終，包括我們。這就是爲什麼我將其稱作一項『愛好』。它還不可以稱作一個生意，它只是一個愛好。

「我們已經做出了第二次嘗試——『Apple TV，Take 2』，是我們在公司內部對它的稱呼。我們意識到，我們做出來的第一款產品，只是在幫助消費者從電腦上取得內容，並且透過無線網路發送到Apple TV上。事實證明，這並不是人們想要的體驗。我的意思是，能在大螢幕上看到自

己的照片，的確不錯——但那是蛋糕上面的霜糖，而不是蛋糕。但人們眞正需要的，是電影。

「所以我們開始和好萊塢片商進行對話，並且取得了所有好萊塢大片商的租賃授權。現在iTunes商店只能找到約六百部電影，但是在今年年底，我們就會擁有數千部的選擇。我們把價格降到了二百九十九美元，準備看看效果如何。至於這會不會引發消費者的共鳴，並且成爲消費者無法拒絕、深深喜愛的事物？讓我們等著瞧吧！我想這是有可能的。」

在事業上成功的人，遇事能保持輕鬆從容的心情，碰到逆境時，腦筋能保持沉著、冷靜，隨時準備捕捉和發掘新機會，以了解和對付新的問題。

高明商人那種心境輕鬆的情形，就像一個優秀的橄欖球員。當球意外落到他手中時，他不會驚慌失措，而是緊抱球跑過去，或警覺又放鬆的轉個方向，以免對手撲過來。

有些剛創業的人，就已具備這種輕鬆的內在能力，但大多數的生意人，要經過多次經驗，才能養成這種習慣。

「隨時把自己看成是一個在湖中翻了船的人。」一位資深石油商人，在蓋帝事業剛開始時忠告的說：「如果你能保持鎮靜，你就可以游到岸邊，至少有人會來救你。假如你失去冷靜，你就完蛋了。」

剛創業眞的有點像突然沉溺在湖中，如果能保持鎮靜，生存的機會較大，否則很可能會溺水而死。把這警句牢記在心裡，就會養成心情輕鬆的習慣，進而獲得不少的幫助，也有辦法應付任

何情況。

在任何場合，都能保持從容不迫、順應自然的態度，任何事情都將應付自如。偉大的人物都是鎮靜高手，面對突然的變故，仍然鎮定自若。他們懂得不能慌，慌則無法思考應付的妙招。

如果你感到慌張，大腦將會失去正常的思考，容易丟三落四，語無倫次。許多人掉了重要東西，或說漏了嘴，是因爲心裡有鬼，慌裡慌張。這時要有意放慢節奏，越慢越好，在心裡說：「不要慌！千萬不要慌！」動作和語言的暗示，會使你慢慢鎮靜，大腦也會恢復正常思考，以應付發生的事情。這點對考生尤其重要。

沒見過大場面的人，一到人多的地方就會全身不自在，克服這種心理的方法，是把所有人都當作朋友，點點頭，打聲招呼，別人自然也會致以回報。雖然他可能永遠想不起在哪兒認識你，但是你卻因此消除了緊張。

你有機會就主動當眾講講話，自我考驗，慢慢養成從容不迫的習慣。人生應該是一個從容的過程。

如果有一天，我老了，我會在一個午後的陽光下，回憶著曾經的青春年少，訴說那些古老的事。如果有一天，我累了，我會躺在草坪上，輕輕細聽那些鳥語花香。青春年少，花樣年華，那些遠去的故事，迴盪在記憶的空隙裡，久久不散。

等到我們都老去的那一大，一起哼唱兒時的歌，一起歡笑、一起哭泣，只爲那段記憶深處的

往事。不再傷悲，不再輕狂。從容人生，淡定生活。

國家圖書館出版品預行編目資料

夢想與創新：賈伯斯改變世界的力量／成杰著. -- 初版. -- 新北市：華夏出版有限公司, 2022.09

面；　公分. --（Sunny 文庫；114）

ISBN 978-986-5541-52-1（平裝）

1.自我實現 2.成功法

177.2　　109021574

Sunny 文庫 114

夢想與創新：賈伯斯改變世界的力量

著　作　成杰

印　刷　百通科技股份有限公司

電話：02-86926066 傳真：02-86926016

出　版　華夏出版有限公司

220 新北市板橋區縣民大道 3 段 93 巷 30 弄 25 號 1 樓

電話：02-32343788　傳真：02-22234544

E-mail：pftwsdom@ms7.hinet.net

劃撥帳號　19508658 水星文化事業出版社

總 經 銷　貿騰發賣股份有限公司

新北市 235 中和區立德街 136 號 6 樓

電話：02-82275988　傳真：02-82275989

網址：www.namode.com

版　次　2022 年 9 月初版一刷

特　價　新臺幣 450 元 (缺頁或破損的書，請寄回更換)

ISBN-13：978-986-5541-52-1

尊重智慧財產權・未經同意，請勿翻印　(Printed in Taiwan)